U0458754

坚定文化自信
弘扬三晋优秀传统文化

中共山西省委宣传部 编

山西出版传媒集团
山西人民出版社

JIANDINGWENHUAZIXIN
HONGYANG SANJIN
YOUXIU CHUANTONG WENHUA

前　言

　　党的十八大以来，以习近平同志为核心的党中央高度重视中华优秀传统文化的传承和发展，把传承弘扬中华优秀传统文化作为一项历史性工程、战略性工程来抓，引领中华文化创造性转化和创新性发展。习近平总书记强调，在五千多年中华文明深厚基础上开辟和发展中国特色社会主义，把马克思主义基本原理同中国具体实际、同中华优秀传统文化相结合是必由之路，为赓续中华民族历史文脉、建设中华民族现代文明指明了前进方向。习近平总书记在山西考察调研时强调，要充分挖掘和利用丰富多彩的历史文化、红色文化资源加强文化建设，坚持不懈开展社会主义核心价值观宣传教育，深入挖掘优秀传统文化，引导广大干部群众提升道德情操、树立良好风尚、增强文化自信。省第十二次党代会深入学习贯彻习近平总书记对山西工作的重要讲话重要指示精神，鲜明提出"推动尧舜德孝、关公忠义、能吏廉政、晋商诚信等优秀传统文化创造性转化、创新性发展"。

　　三晋大地人文荟萃，三晋文明源远流长，孕育了尧舜德孝文化、关公忠义文化、能吏廉政文化、晋商诚信文化等优秀传统文化，是三晋大地独特的精神标识，深刻塑造着三晋儿女的精神气质，是中华优秀传统文化的重要组成部分，彰显了蕴含其中的核心思想理念、中华传统美德和中华人文精神。深入挖掘三晋优秀传统文化的时代价值，推动其创造性转化和创新性发展，对于引导广大干部群众提升道德情操、树立良好风尚、增强文化自信、加快推进文化强省建设具有重要意义。

为推动全省广大干部群众深入学习领会习近平文化思想，掌握好"两个结合"特别是"第二个结合"的精髓要义，着力赓续中华文脉，让三晋优秀传统文化焕发新的时代光彩，我们组织编写了这本《坚定文化自信 弘扬三晋优秀传统文化》，系统梳理了尧舜德孝文化、关公忠义文化、能吏廉政文化、晋商诚信文化等三晋优秀传统文化的意义地位、内涵特征、历史脉络和时代价值，以期推动全省上下更好地传承弘扬三晋优秀传统文化，为奋力谱写中国式现代化山西篇章汇聚持久深沉的文化力量。

目录

·尧舜德孝文化篇·

· 关公忠义文化篇 ·

·能吏廉政文化篇·

·晋商诚信文化篇·

Yaoshun
Dexiao
Wenhua Pian

尧舜德孝文化篇

尧舜德孝文化篇

Yaoshun
Dexiao
Wenhua Pian

在中华文明五千多年发展历史中，尧舜德孝文化构成为中华优秀传统文化的重要内容，承载着中华民族重要的精神追求。作为尧舜故里的山西河东区域（今山西运城、临汾一带），不仅是中华民族的主要发祥地之一和中华文明的摇篮，也是上古尧舜德孝文化的主要发源地。不忘本来才能开辟未来，善于继承才能更好创新。在历经几千年文明演绎与文化传承，中国特色社会主义进入新时代，中华民族伟大复兴进入新征程的时代背景下，习近平总书记在山西考察调研时强调要深入挖掘优秀传统文化，既为推进中国式现代化过程中弘扬中华优秀传统文化指明了方向，也提出了深刻认识尧舜德孝文化重大意义、内涵特征、形成发展、时代价值的现实课题。

一、尧舜德孝文化的意义地位

德孝是做人处事的基本要求和规范，是国家与社会治理的重要道德准则，体现了中华文明的核心要义。在全面建设社会主义现代化的新征程上，深入挖掘尧舜德孝文化，促进源远流长的尧舜德孝文化体现出更为突出的时代价值，发挥德孝文化在促进国家富强、社会和谐和民族复兴进程中不可替代的作用，是中华民族独特精神标识在新时代的重要展现，是马克思主义与中华优秀传统文化相结合的基本要求，能够为中国特色社会主义先进文化建设提供重要滋养。

（一）挖掘弘扬尧舜德孝文化是实现马克思主义与中华优秀传统文化相结合的有益方式

尧舜德孝文化，源自中国古代的传说与历史，是中华优秀传统文化的瑰宝。2021年7月1日，习近平总书记在庆祝中国共产党成立100周年大会上关于"把马克思主义基本原理同中国具体实际相结合、同中华优秀传统文化相结合"的重要论述，不仅深化了推进马克思主义中国化时代化的认识，也明确了中华优秀传统文化在新时代的重要地位，为我们深刻把握尧舜德孝文化在实现"第二个结合"中的重要作用提供了重要遵循。

1.优秀传统文化与马克思主义中国化道德要求的高度契合

在中华传统文化中，德与孝被视为人格完善和社会和谐的基石。尧舜德孝文化，不仅仅是道德的象征，更是中华民族崇德尚孝文化基因的源头活水，渗透在中华优秀传统文化血脉中，与马克思主义中国化的道德要求具有完美的内在契合性。

一方面，尧舜德孝文化的基本精神，为新时代马克思主义中国化道德建设提供了重要思想资源。推进新时代马克思主义中国化的道德建设，无论是社会公德、职业道德，还是家庭美德、个人品德建设，都需要在中华传统德孝文化中汲取养分。回顾历史，尧舜时期的古人非常注重道德修养，认为道德是个人成长、家庭和睦、社会和谐的基石，其表现在尊敬父母、关爱家人、睦邻友好的优良作风。五千多年来形成的以以人为本为内核，以事亲行孝为特征，强调良知与责任的传统德孝伦理文化与新时代道德建设的要求内在契合。这其中，父慈子孝的责任理念、感恩戴德的人生信条、事亲行孝的为人之本、报效祖国的忠贞孝道等优良传统和品质标志着个人道德修养的起始点、社会传承发展的根本点。孝道、仁爱、德行等优良传统美德不仅是中国传统社会传承发展的道德基础，也对新时代公民道德建设具有突出意义，为推进新时代道德建设提供了深厚的文化滋养和扎实的道德基础。

另一方面，新时代马克思主义中国化的道德要求，为尧舜德孝文化注入了新的时代精神。尧舜德孝文化作为中国传统伦理资源，一直以来都在中国人的道德生活中发挥着重要作用，特别是在儒家伦理思想中，忠孝、仁爱是为人之本，深刻地影响并塑造着传统中国人的道德世界。同时，尧舜德孝文化在新的实践与新的发展中的传承，必须反映时代特点，以马克思主义中国化道德建设要求为遵循。党的十八大以来，以习近平同志为核心的党中央高度重视公民道德建设，作出一系列重要部署，坚持马克思主义与中华优秀传统文化相结合，不断赋予包括尧舜德孝文化在内的优秀传统文化以新的时代内涵，推动思想道德建设取得显著成效，使尧舜德孝文化传承具有了一系列符合时代要求的新观点、新认识、新结论，在促进尧舜德孝文化与新的时代精神高度契合的过程中，为新时代弘扬尧舜德孝文化提供了根本遵循。

2.优秀传统文化与马克思主义中国化道德要求的内在融通

党的二十大报告指出，要"以社会主义核心价值观为引领，发展社会主义先进文化"，坚定不移地"传承中华优秀传统文化，满足人民日益增长的精神文化需求，巩固全党全国各族人民团结奋斗的共同思想基础，不断提升国家文化软实力和中华文化影响力"。以"富强、民主、文明、和谐，自由、平等、公正、法治，爱国、敬业、诚信、友善"为内容的社会主义核心价值观，集中体现了新时代马克思主义中国化的价值观念，是推动中国社会发展进步的价值指引。

尧舜德孝文化作为中华传统文化的重要组成部分，与新时代马克思主义中国化的价值具有内蕴相通、相互融合的特点，能够合力塑造当代中国社会的精神风貌与社会成员的价值取向。如在尊老爱幼方面，现代社会不仅通过各种文化节目和教育活动弘扬孝道，还通过法律和社会政策保障老年人的权益，是传统德孝文化的现代诠释。在家庭和睦方面，尧舜德孝文化倡导的家庭成员间的相互尊重和支持，在现代社会家庭稳定、儿童教育等方面得到重视。此外，社会责任感的提倡，如环境保护、公共秩序维

山西省运城市舜帝德孝文化节现场

护，也是尧舜德孝文化中对个人品德的要求与当代社会公民意识的结合。这种文化与价值观的融通，不仅促进了社会的和谐稳定，也引导了个人道德的发展，使得传统文化在现代社会中焕发出新的生命力。

所以，继承发展尧舜德孝文化中的"爱""敬""忠""诚""义"，坚持以社会主义核心价值观引领当代中国社会发展，以最大力度将尧舜德孝文化提倡的道德观念贯彻到方方面面，能够更好地实现以主流价值建构道德规范、强化道德认同、指引道德实践，引导人们明大德、守公德、严私德的目的。

3.马克思主义与中华优秀传统文化结合的有效实现形式

习近平总书记指出："'第二个结合'是又一次的思想解放，让我们能够在更广阔的文化空间中，充分运用中华优秀传统文化的宝贵资源，探索面向未来的理论和制度创新。""第二个结合"是中国共产党对马克思主义中国化时代化历史经验的深刻总结，表明中国共产党在传承中华优秀传统文化中推进文化创新的自觉性达到了新高度。同时，实现"第二个结合"，也有一个"怎么结合"和"结合得怎么样"的问题。尧舜德孝文化作为中华优秀传统文化的重要组成部分，其在新时代的传承与实践，客观上为实现"第二个结合"找到了具体的实现方式：新时代马克思主义为尧舜德孝文化传承指明了方向与原则，尧舜德孝文化传承为新时代马克思主义的深入人心提供了顺民心、接地气、有人气的具体途径、载体与手段，马克思主义与中华优秀传统文化通过尧舜德孝文化传承，实现了相互充实、相互促进。在这一进程中，尧舜德孝文化的传承与实践，就是中华优秀传统文化创新自觉性的体现。通过对尧舜德孝文化的现代诠释与实践，不仅对保护和传承中华优秀传统文化有重要价值，也在为马克思主义中国化时代化提供具体实践样本。

（二）尧舜德孝文化是中华民族独特精神标识的新时代展现

在新时代的背景下，尧舜德孝文化不仅继续作为中华民族独特的精神标识传承下来，而且与现代价值观和社会实践相融合，展现了其深远的历史影响力和时代生命力。

1.尧舜作为中华民族祖先的符号意义

尧舜德孝文化在中华优秀传统文化传承中具有的独特魅力和现代意义，首先体现于尧舜作为中华民族祖先的符号意义。

从历史符号意义上看，尧舜体现了中华民族的历史记忆和文化认同。尧舜的故事和传说，反映了中华民族的历史记忆和文化认同，也体现了中华民族的精神追求和价值取向。以尧为例，他的智慧和仁德不仅体现在他的治国理念上，还体现在诸如选拔能臣舜为继承者这样的具体行动中。尧舜作为上古时期的圣明君主，他们以仁义治理天下，奠定了中华文明的基础。

从道德符号意义上看，尧舜是中华道德文化的重要代表人物。尧舜以孝敬父母、尊重长辈、忠于国家、仁爱人民的道德理念和行为规范，影响了后世的礼仪制度和伦理观念。尧的仁德和舜的孝顺，不仅是道德教育中的经典案例，还对后世的礼仪制度和伦理观念产生了深远影响。例如，舜对父亲的孝顺，即使面对父亲的不理解和苛刻，仍不改其孝心，这一行为成为中华文化中孝道的典范。

从文化符号意义上看，尧舜为中华文化的独特风格和丰富内涵作出了卓越贡献。从文化的角度来看，尧舜是中华民族的文化符号，亦是中华民族的文化灵魂。尧舜以天人合一、协调共生的文化理念和文化实践，开创了中华文化的独特风格和丰富内涵。例如，禅让制度不仅体现了天人合一的哲学思想，也奠定了中华文化中重视道德和能力的传统。尧舜的故事和传说，反映了中华民族的文化心理和文化创造，也体现了中华民族的文化多样性和文化包容性。

2.尧舜德孝文化是中华优秀传统文化的重要组成部分

尧舜德孝文化历史悠久，孔孟和后世的众多儒学家将孝悌、德行作为修身养性的核心。"孝"是中华传统美德的核心内容，千百年来一直被作为伦理道德之本、行为规范之首而备受推崇。《孝经》中讲"夫孝，德之本也，教之所由生也"，强调德孝是培养其他一切德行的基础。孔子说"今之孝者，是谓能养。至于犬马，皆能有养。不敬，何以别乎"，说明仅仅把"养"作为"孝"的标准，是远远不够的。人不敬重父母，就与犬马无别。孟子说"仁之实，事亲是也"，指出"仁"的实质就是侍奉父母，尽孝道，表现出对亲人的爱。古典儒家思想把孝视为仁义的根本、人伦之公理，是因为德孝不仅是中华传统美德的核心，还是培养其他一切德行的基础。

在中华传统文化中，德孝不仅仅是家庭的德行，还被提升到国家治理的层面。一个人如果能在家庭中展现出良好的德行和孝心，那么这个人在社会和国家中也会是一个负责任和有价值的成员。如孔子就有过类似表述："君子之事亲孝，故忠可移于君。"他认为如果一个人兼备德孝品质，那么在社会中也是值得被委以重任的。此外，尧舜德孝文化也在历代文学、艺术等领域中得到了广泛的体现。如唐代诗人白居易的《慈乌夜啼》、元代诗人王冕的《墨萱图》等以孝道为主题的作品，不仅传达了孝的重要性，反映了当时社会的道德观念和价值取向，而且作为中华传统文化的重要内容，其对道德和孝顺的特别强调，深刻而长期地影响了家庭、社会乃至国家治理。

3.德孝作为中国人日用而不觉的价值观，在新时代的文化价值日益凸显

从当今社会对尧舜德孝文化大力推广的举措来看，这种文化的价值正在被重新发现和强化。首先，现代教育体系在培养公民道德和社会责任方面起到了关键作用。无论是青少年接受的思想政治课程，还是高等教育中始终贯彻的思想道德修养理念，宣传弘扬尧舜德孝文化都是现代教育系统中必不可少的育人环节。这种教育方式，不仅传承了传统文化，更为年轻一代提供了与现代社会相结合的道德指引。其次，主流媒体在宣传尧舜德孝文化方面也发挥了巨大的作用。这些媒体报道不仅是在传播信息，更是在塑造一种社会共识。以上途径在培养、教育、树立德孝价值观时涵盖了从家庭到社会各个层面的道德规范和行为准则，是连接过去与未来、传统与现代的桥梁。在全球化的大背景下，尧舜德孝文化的传承与发展，不仅对中国，也对世界各国理解中华文化具有重要意义。通过对这一文化的深入理解和适当的现代化改造，尧舜德孝文化有望在新时代焕发新的光彩，为构建更加和谐的社会作出贡献。

（三）尧舜德孝文化是社会主义先进文化建设的重要滋养

尧舜德孝文化作为厚植于中华民族数千年的优秀传统文化，对于进入新时代的中国社会的丰厚滋养价值依然是非常突出的，其孝悌、仁善的价值取向对于个人、家庭、国家其至全人类的和谐与长久发展，都具有重要意义。

1.尧舜德孝文化是涵养社会主义核心价值观的重要源泉

传统文化是一个民族生生不息的血脉传承，是它区别于其他民族的独特标识。任何一个优秀的民族在形成自己的民族精神、价值观念时，无不注重从本民族优秀传统文化中汲取智慧。尧舜德孝文化厚植于中华优秀传统文化之中，"德""孝"所富含的道德文化内蕴与价值指向，不仅构成了社会主义核心价值观的重要内容，也作为中华优秀传统文化的一部分，

山西省运城市盐湖区弘扬德孝文化主题展

为涵养社会主义核心价值观和推进中国特色社会主义文化建设提供了历史借鉴、精神支撑和文化富矿。

习近平总书记指出，培育和弘扬社会主义核心价值观必须立足中华优秀传统文化，要"深入挖掘和阐发中华优秀传统文化讲仁爱、重民本、守诚信、崇正义、尚和合、求大同的时代价值，使中华优秀传统文化成为涵养社会主义核心价值观的重要源泉"。社会主义核心价值观以中华优秀传统文化为精神命脉和价值源泉，承续中华优秀传统价值观，是中华民族当代的优秀价值观。文化的核心是价值观。社会主义核心价值观不是凭空产生的，不仅有其实践根源、时代根源、理论根源，也有其民族文化根源，中华优秀传统文化就是涵养社会主义核心价值观的重要源泉。

同时，弘扬中华优秀传统文化，重点是推进中华优秀传统文化的创造性转化和创新性发展。创造性转化，就是要按照时代特点和要求，对那些至今仍有借鉴价值的内容和陈旧的表现形式加以改造，赋予其新的时代内涵和现代表达形式，激活其生命力。创新性发展，就是要按照时代的新进步、新进展，对中华优秀传统文化的内涵加以补充、拓展、完善，增强其影响力和感召力。在这样的"转化"与"发展"中，尧舜德孝文化中具有借鉴价值的内容，在培育社会主义核心价值观和推进中国特色社会主义文化建设实践中被赋予新的时代内涵，并进一步拓展完善，增强影响力和感召力。同时，也能够使尧舜德孝文化传统性、陈旧型的表现形式在新时代社会主义核心价值观培育与践行的过程中，获得全新、充满活力的表现形式，通过新颖、富有创意的文化作品，为自身注入全新的生命力，不断扩大其影响力和吸引力。

2.尧舜德孝文化包含了人类共同遵循的价值理念

全人类共同价值是在不同民族文化交流互鉴中形成的，挖掘尧舜德孝文化的时代内涵，有助于推动构建全人类共同价值。德孝文化既是中华民族长久历史形成的独特文化传统，也是世界不同文明交融的节点所在。德孝文化思想所包含的家庭关系和睦、人际关系和谐、家国一体的爱国主义情怀都能在其他文明中找到相似的文化传统和思想，与和平、发展、公平、正义、民主、自由等全人类共同价值有着相似的思想内涵与价值理念。同时，尧舜德孝文化对于维护社会稳定、促进社会和谐与家庭和睦有着积极作用，在个人价值追求方面，孝道思想提倡家国一体的家国情怀，将个人与集体、家庭与国家有机结合起来的文化等，正是积极应对西方社会伦理价值观中个人主义、金钱主义泛滥问题的有效办法。因此，中华孝道思想对于其他文明而言可融合度高，能够为西方国家解决所面临的伦理道德问题提供可资借鉴的智慧和资源。因此，德孝文化思想正是多元文化融合的共同基础，是多元价值的共同内容。

毫无疑问，在多元文化相互碰撞和交融更趋明显的今天，要深入挖掘尧舜德孝文化在体现人类共同遵循的价值理念中具有的价值，全面认识其蕴含着的以德相处、和睦友善和天下大同等文化内涵，在世界上展示中华优秀传统文化的魅力，推动中华文化的发扬光大，增强尧舜德孝文化的吸引力和感召力，从而吸引世界对中华优秀传统文化的整体关注，增强中华文化在世界上的影响力。

（四）尧舜德孝文化是推进山西文化强省战略的特有资源禀赋

山西拥有丰富且悠久的历史文化资源，牢牢抓住山西独特的历史文脉，挖掘与发扬其中的文化内涵，推动文化繁荣、建设文化强省，是新时代山西文化建设的重要任务。

1.尧舜德孝文化是山西历史文化之重要标识

作为尧舜德孝文化的故里，尧舜德孝文化深深浸润着山西这片厚重、祥和的土地和历代生活在这里的劳动人民，造就了山西重礼仪、重道德的地方文化特色。以尧舜德孝文化思想为核心的道德观念深入民心、薪火相传，淳朴、厚重的道德观念培育了山西人忠孝、诚实、守信的道德传统，使山西成为根祖文化的发祥地，尧舜德孝文化成为山西历史文化最独特的文化标识之一。"问我老家在何处，山西洪洞大槐树"，口口相传的民谣记载着代代游子的乡愁，寻根祭祖旅游景区的建设更是激起海内外中华儿

女寻访祖先的赤诚寻根之旅，为山西文化注入家国情怀的深刻内涵。

2.尧舜德孝文化资源是山西文化强省建设的富矿

尧舜德孝文化是一种历久弥新的文化资源，挖掘其政治、经济、社会等方面的多重效用，是建设文化强省的重要任务。首先，紧紧依托尧舜德孝文化发源地的属地资源，用现代化手段不断发掘文化遗产展示的新方式，打造尧舜德孝文旅景区，树立山西文化品牌，带动文旅产业发展，唤醒文化基因；其次，提升文创产品与科技融合度，借助VR、3D打印等新技术打造文创产品，并在景区设立体验项目，给游客"新体验"，通过现代化的表现手法，推动传统故事的情景化、立体化，让经典的人物、故事和历史文化在群众中回荡，用群众喜闻乐见的文艺精品力作打动人、感染人、影响人，不断满足人民群众精神文化需求；最后，拓展、丰富尧舜德孝文化内涵，寻找当代"最美人物"，坚持以文化人、以德润心，坚定文化自信，对当代的道德模范典型加以表彰，助力尧舜德孝文化的传承，展示广大劳动人民的良好精神面貌，让优秀传统文化进社区、进校园，推动新时代德孝实践向更广泛、更深层次迈进，让尧舜德孝文化成为一种时代内涵，树立良好的个人风貌、家庭风尚、社会风气。

二、尧舜德孝文化的内涵特征

尧舜德孝文化具有的重要时代价值，决定了新时代推进尧舜德孝文化的创造性转化和创新性发展，就要从其深刻内涵、核心理念和主要特征等方面入手，对尧舜德孝文化进行深入的理解与把握。

（一）尧舜德孝文化的基本内涵

德孝观念是儒家文化的重要组成部分，也是中国伦理精神的支撑。自古以来，特别是汉武帝独尊儒术之后，"礼乐治国""孝治天下"便成为历代统治者治理国家的核心理念，"德孝"思想更成为传统文化的核心精神。

从字面上看，德孝文化，即为德政千秋、孝行天下。《孝经》曰：

"夫孝，德之本也。"德是由孝引发且发扬光大的种种善行。孝，从字的结构看，上边是"耂"，下边是"子"。上"老"下"子"，上慈下孝。《说文解字》中解释为："善事父母者。"德孝文化反映了人们的一种思想观念、价值取向。

尧舜德孝文化是指自尧舜起逐渐形成发展起来的以"人以德为本、德以孝为先"为核心理念的道德观念与文化意识，以父义、母慈、兄友、弟恭、子孝为代表的五教理念和以明德思想为代表的德政思想是尧舜德孝文化的基本内涵，它从根本上体现的是重德举孝、明德治国。重德举孝是指以德为先、孝为德本；明德治国，是以明大德、守公德、严私德规范社会秩序。《史记》中所载"天下明德皆自虞舜始"，表明了舜帝是开创中华文明的五帝之一，是中华道德文化的鼻祖。舜帝由于其高尚的道德品质，被后人誉为"民师帝范""人伦楷模"，被后人尊为"人文始祖"之一。在"二十四孝"的经典故事中，舜帝"孝感动天"就排在首位。舜帝一生创造了伟大的业绩，同时也为后人树立了多方面的典范，尤其是他的德孝精神，是中华优秀传统文化的重要组成部分，在长期的历史发展中形成了贯通古今的传承效应。能够形成这样的传承效应，本身就表明了尧舜德孝文化深刻内涵所内蕴着的价值。

首先，尧舜德孝文化倡导"德"。德本义是道德，是一种特殊的社会意识形态，它主要通过社会舆论、传统习俗和人们的内心信念来维系。人们正是通过对道德的把握来感受社会关系的脉动，识别社会发展的方向，确定自身生存发展与社会和自然的关系。尧舜德孝文化倡导的"德"，正体现了社会意识形态所具有的功能。

其次，尧舜德孝文化要求"德"与"孝"的有机结合。这就突出了中国传统"孝"文化的"德"属性。道德是分领域和层次的。人的社会生活主要分为公共生活、职业生活和婚姻家庭生活三大领域，前两者具有广泛性和公开性的特点，而个人的婚姻家庭生活则具有封闭性和隐秘性的特点，婚姻家庭生活中的道德是公共生活道德的基础。而在婚姻家庭生活中，人们千百年来尊崇的就是"孝"的思想，对父母的感恩、对兄弟姐妹的友爱这些优良的道德品质放大到公共领域，就会生发出公共道德、职业美德。因此，"德孝"思想的精神内核特别强调"孝"在婚姻家庭生活中的重要性和基础性，从"德"与"孝"的从属关系出发，对"德孝"思想进行了新的诠释和放大，既提取了中华民族"德""孝"文化的精华，又体现了二者的统一。

最后，"德孝"思想的提出沟通了家与国之间道德的过渡。道德的重要功能在于，它是处理个人与他人、个人与社会之间关系的行为规范。道德通过传统习俗和内心信念使人们的行为由"实然"向"应然"转化。"德孝"思想的形成，正是建立在家国一体的基础上的，"德孝"思想不仅在家庭层面倡导"孝德"，而且在社会、国家层面倡导"德孝"，建立了家与国之间道德的联系。

（二）尧舜德孝文化的核心理念

在尧舜德孝文化中，"德""孝"相互包含、相互联系，形成你中有我、我中有你的统一关系。

1. "德"者得也：内得于己，外得于人的基本规范

《说文解字》说："德者得也。德，外得于人，内得于己也。"《管子》说："德者道之舍，物得以生。生得以职道之精。故德者得也。得也者，其谓所得以然也。以无为之谓道，舍之之谓德，故道之与德无间，故言之者不别也。间之理者，谓其所以舍也。"三国时期王弼解释《老子》时说："德者，得也。常得而无丧，利而无害，故以德为名焉。何以得德？由乎道也。"他还解释："道者，物之所由也；德者，物之所得也。由之乃得。"北宋张载说："德者得也，凡有性质而可有者也。"南宋朱熹也说："德者得也，行道而有得于心者也。"这些解释都表明，人身作为天地造化之一体，父母天地之德，化作每个生命的人身之得，即"得"须合乎"道德"的标准。在这个前提下才能说"德者得也"，即做人做事，遵循基本的道德是必守的规范。

2. "孝"者仁之本：衡量道德的重要尺度

在中华传统文化中，道德文化的德分为仁、义、礼、智、信五个子系统。在仁、义、礼、智、信五个子系统中，在仁德系统里有慈、爱、孝、悌四大子支系统，孝文化就是仁爱系统中的一个子支。

孝是仁的本源。儒家思想以仁为全部政治哲学的核心，其主要内涵体现在爱人为仁、克己复礼为仁。在孔子的思想学说中，仁是指一个人内在的道德品质，一个人能否具有优良道德品质，主要取决于个人的道德修养，而不是取决于他人的影响。孔子将仁置于家庭内部的父子、兄弟关系中进行解释，认为子之于父、弟之于兄的道德义务是优良的道德品质的起点。孝悌是仁的根本，即在家庭内部，优良的道德品质体现为孝悌。在家庭之外的人际关系中，仁体现为忠恕。孟子曰："仁之实，事亲也。"仁的实质就是侍奉孝敬父母。因此，在孝与仁的关系方面，孝是仁的本源和起始点。

这就是说，在德、孝的关系上，德大于孝，孝体现德，德是关键，孝是德的重要内容和起点。为什么说孝是起点呢？不孝的人很难有德，也可以反证，所以说以德为本、以孝为先。因为修身齐家治国平天下一系列范

山西省运城市博物馆展出的舜帝传说展板

畴中，讲德讲孝是中国传统伦理、传统文化的核心价值，要把自己在家里的孝变成对国家的忠，这是传统文化的根本精神与特点。从这样的意义上说，孝为衡量道德的重要尺度。

3.以德为本、以孝为先，相辅相成、互为促进

在尧舜德孝文化中，"德"与"孝"不是简单叠加而成，而是相辅相成、互为促进的内在关系，由此形成一种对家庭尽孝、对社会应作出贡献、对国家尽忠的价值观。

从狭义上来看，尧舜德孝文化是中华民族的传统文化，是以"孝"贯穿其中的传统美德。而从广义上来看，德孝文化不仅仅是中华优秀传统文化，它还与当代的经济、政治、社会、环境相联系，具有时代性和发展性。

在尧舜德孝文化中，孝作为诸德之首有诸多原因。首先，"诸德"指儒家的"五常"之德，即仁、义、礼、智、信。而在宗法制的社会，儒家倡导的以"仁爱"为核心的价值体系和伦理精神，就隐含了孝。作为本体的孝隐含在"五常"之内，而"五常"无可厚非地具体显现着孝的一面。我们对孝的认识，要通过各种具体的表象才能真正把握。其次，孝是德的根本，也是德的本体。德孝文化之"德"与"孝"，其实质也是"孝"的一体两面。《孝经》曰："夫孝，德之本也。"自从孝产生以来，它就占据核心地位，受到统治阶层的重视，尤其是汉代打出了"以孝治天下"的旗号，孝成了治理国家的根本性的道德要素。所以《孝经》中说："子曰：'先王有至德要道，以顺天下。民用和睦，上下无怨。'"最后，孝是中华传统伦理体系的起点和重点。自古以来，因为德孝本身就是产生于以血缘为纽带的宗法制之中，它既是家天下，又是国天下，更是德之本、德之首等。一般而言，儒家思想的核心是仁，而孝是仁的根本。所以，儒家思想中的"仁"，一定程度上就是孝的理论。孝作为中国传统伦理道德之首，既是德的根本，又是德的具体表现，它具有德的双重性。因此，在德孝文化中，德孝很大程度上就是孝文化，因为孝本身也是一种德。

（三）尧舜德孝文化的重要特征

习近平总书记2023年在文化传承发展座谈会上，深刻总结中华文明具有突出的连续性、突出的创新性、突出的统一性、突出的包容性、突出的和平性。这些"突出特性"，是中华文明与中华优秀传统文化最根本的特征。尧舜德孝文化是中华优秀传统文化的重要组成部分，其主要特征与中华文明的五大突出特性一脉相承。

1.贯通数千年发展的连续性

尧舜德孝文化经过历代的传承和发展，至今仍然是中华传统文化的重要内容。其突出的传承性体现在道德、治国理念、教育思想和民间信仰等多个方面。这种传承性不仅体现了中华优秀传统文化的连续性和稳定性，也展示了中华文化在历史长河中的发展和创新。

从道德的传承看，尧舜德孝文化强调的是孝敬父母、尊老爱幼、忠诚守信等道德观念。这些观念是中华传统文化的核心内容，被一代又一代的中国人所传承和发扬。在尧舜德孝文化的影响下，人们注重家庭伦理、社会道德和人际关系等方面的修养，形成了良好的社会风尚。

从治国理念的传承看，尧舜德孝文化蕴含着治国安邦的智慧，强调以德治国、仁政治理。这种治国理念在中国历史上得到了广泛的传承和发扬，成为中国古代政治文化的重要组成部分。在尧舜德孝文化的影响下，中国历史上出现了一批又一批明君贤臣，他们以德治国、勤政爱民，推动了社会的繁荣发展。

从教育思想的传承看，尧舜德孝文化注重教育的重要性，强调以德化人、教化百姓。这种教育思想在中国古代教育中得到了广泛的传承和发扬，成为中国古代教育文化的重要组成部分。在尧舜德孝文化的影响下，中国古代教育注重培养人的品德、礼仪等方面的素质，为中华民族的文化传承和发展奠定了坚实的基础。

从民间信仰的传承看，尧舜德孝文化在中国民间信仰中也有着重要的地位。人们通过祭祀尧舜、祈求保佑的方式，表达对先祖的崇敬和感激之情。这种民间信仰不仅传承了尧舜德孝文化的精神，也丰富了传统文化和民俗文化。

2.不断充实发展的创新性

尧舜德孝文化是在数千年的历史发展中孕育、诞生和发展的。

舜是古代传说中继尧之后的圣明君主，他在尧帝实施仁政的基础上创建和完善了一整套政体体系，尤其重视孝行的培养与推广。他始终坚守孝道，敬重父母，友爱弟兄。在后来的发展中，将德孝观念系统化理论化的是孔子。孔子面对当时礼崩乐坏的时代，希望通过礼治秩序的建立来维护社会的秩序，以"亲亲"和"尊尊"为基本原则，使"礼"不仅存在于贵族阶层之中，也走入了平民百姓的生活。《孝经》引孔子的话说，"夫孝，天之经也，地之义也，民之行也"，确立了孝的天经地义的地位，并在百姓中广泛推行。而"道德仁义，非礼不成"，"君子务本，本立而道生。孝弟也者，其为仁之本与"，阐明了"孝"是"仁"的根本，"孝"与"仁"有内在的同一性，由此维护宗族与社会的稳定。以孔子思想为依托的《孝经》对孝的功能有很多阐释，"立身行道，扬名于后世，以显父母，孝之终也"，"以孝事君则忠，以敬事长则顺"，把庶民之孝进一步延伸到政治伦理中来。"忠顺不失，以事其上，然后能保其禄位，而守其

山西省运城市盐湖区孝顺媳妇事迹展演活动

祭祀。盖士之孝也"的思想，完成了由父子之道到君臣之道的演化，即由家庭伦理上升为政治需要，也是对"君君、臣臣、父父、子子"伦理秩序的补充。《孝经》适用于不同阶层的人，对庶人之孝、士人之孝、诸侯之孝、天子之孝均有所阐释，并且在孟子等人的进一步阐释中，得到了延续与补充，逐渐形成了以"仁"为核心的"孝"，最后形成"孝""忠"相结合的"德孝观"。

到了宋代，政治、经济、文化达到顶峰，德孝文化也贯穿于庙堂与朝野之上。宋代秉承了"以孝治天下"的治国原则，开启了以孝道为国策的时代。更重要的是，宋代为实施孝治，制订了完善缜密的法律条文，对各种不孝行为采取了严格控制手段，用司法惩办不孝。随着南宋程朱理学地位的确立，忠孝伦理被强化，宣传力度也得到了进一步加强，如《宋史·孝义传》中有很多故事成为标榜孝的典型。再有，与以往各代大不相同的是，宋代把儒家德孝义理与地方乡里的孝行孝事相结合，用简单明白、通俗易懂的歌词或俗文等民间宣传方式说孝讲孝，这成为宋代德孝文化发展较之前代更为鲜明的特色之一。

近现代以来，中国共产党人针对一些文化学者将传统文化与"新文化"对立起来的倾向，揭示了他们只看到德孝文化中糟粕的一面，而忽视了德孝文化中精华部分的偏颇，对尧舜德孝文化进行了批判性继承与发展，实现了对尧舜德孝文化的创造性转化和创新性发展。毛泽东以"我们是马克思主义的历史主义者，我们不应当割断历史。从孔夫子到孙中山，我们应当给以总结，承继这一份珍贵的遗产"的著名论断，为中国共产党人汲取优秀传统文化成果指明了方向。邓小平、江泽民和胡锦涛等党的领导人，也都在不同时期，对此做了进一步的阐述。进入新时代，习近平总书记指出："优秀传统文化是一个国家、一个民族传承和发展的根本，如果丢掉了，就割断了精神命脉。我们要善于把弘扬优秀传统文化和发展现实文化有机统一起来，紧密结合起来，在继承中发展，在发展中继承。"这些论断对于重新认识尧舜德孝文化的丰富内涵，有着极其重要的指导作用。

山西省运城市冯村乡新杜村组织多种多样的文化娱乐活动，丰富老年人生活

尧舜德孝文化守正不守旧、尊古不复古的进取精神，既是中华民族的精神之源，又展现出在历史发展中不断发展创新的鲜明特性。

3.着眼家国天下大局的统一性

尧舜德孝文化秉持了中华文明长期的大一统传统，形成了多元一体、团结集中的统一性。这一文化中无论是"德"，还是"孝"，都体现了中华文明的连续性与中华民族的统一性。"德""孝"强调的团结统一是大德，分裂动荡是大祸，这种在数千年历史发展中集历史经验于一体的结论，表明了在尧舜德孝文化中，国土不可分、国家不可乱、民族不可散、文明不可断是其最基本的价值与信念。以"德""孝"为主的家国情怀是贯穿中华民族精神谱系的一条重要脉络，它用"家国一体"的意识，将家庭与国家、个体与群体的命运紧密联系在一起，为中华文化的凝聚力和向心力提供了不竭之源，也为民族团结、国家统一提供了恒久动力。可以说，中华民族在几千年历史发展中，各民族矢志不渝地追求统一、维护统一，中国成为世界上统一时间最长的文明国度，与强调民族认同、家国一体的统一性密不可分。

4.兼容并蓄、海纳百川的包容性

尧舜德孝文化之所以能够在中国历史上广泛传播、深入人心并成为中华民族文化传承的重要部分，很大程度上在于它对于不同思想、不同时代、不同人群都具有包容性，几乎是所有道德观念的生长点与汇合点。

对不同思想的包容体现在尧舜德孝文化强调的是孝敬父母、尊老爱幼、忠诚守信等道德观念，但并不排斥其他思想和文化，并且能够吸收各种思想的优点，不断完善自身的理论体系，同时也为中华传统文化的多元化发展奠定了基础。这种包容性使得尧舜德孝文化能够适应不同的环境和变化，在历史长河中保持了强大的生命力和影响力。

尧舜德孝文化对于不同时代的包容性体现在其历史传承的连续性和对时代变革的适应性上。它不断充实、完善自身，适应新的历史条件和社会环境，同时也尊重和包容各种思想流派和宗教信仰，为中华传统文化的多元化发展作出了重要贡献。在不同的历史时期，人们根据时代的特点和需要，对尧舜德孝文化进行了重新诠释和发扬。例如，在汉代，董仲舒将尧舜的"五常之教"总结为"仁、义、礼、智、信"，并将其融入儒家道德

山西省运城市盐湖区席张乡开展敬老志愿服务

思想，成为儒家道德思想的核心内容。这表明尧舜德孝文化能够随着时代的变化而不断发展，适应新的历史条件和社会环境。

此外，尧舜德孝文化对于不同人群具有包容性。尧舜德孝文化强调的是普遍的道德准则和价值观念，但并不强求所有人都必须遵循同一种标准。在尧舜德孝文化的影响下，人们可以根据自己的价值观和生活方式来理解和实践这种文化，形成了一种包容性的文化氛围。这种对不同人群的包容性，使得尧舜德孝文化在中国社会中得以广泛传播并深入人心。

5. "国泰民安""家和万事兴"的和平性

尧舜德孝文化崇尚"和也者，天下之达道也"的理念，遵循"和为贵""化干戈为玉帛"和"国泰民安""家和万事兴"等价值取向，在社会道德、社会秩序、社会治理、社会发展等方面得到具体的贯彻体现。这种和平性使得尧舜德孝文化在中国历史上得以持久传承和发展，也为中华传统文化的传承和发展奠定了坚实的基础。

尧舜德孝文化的和平性，既强调孝敬父母、尊老爱幼、忠诚守信等道德观念，以维护家庭和睦，促进邻里互助、社会和谐，由此实现"家和万事兴"。在尧舜德孝文化的影响下，人们注重道德修养、遵守社会规范，形成了良好的社会风尚，使得社会秩序得到维护和稳定。同时，尧舜德孝文化的和平性，也有助于维护社会的稳定与世界的和平发展。坚持合作、不搞对抗，倡导共生并进，反对强人从己，从不以一己之见强迫其他国家，更不用恃强凌弱、以大欺小的方式处理国际事务。虽然在不同历史时期和文化背景下，尧舜德孝文化会有所变化和创新，但它的基本形态和核心内容始终保持不变，其核心理念和价值取向对越来越多的人产生出越来越强大的感召力与影响力。

尧舜德孝文化不仅需要人们的认识和认同，更需要在日常生活中付诸实践。注重传承和发展传统文化中的精华，通过与社会生活密切相关的实际行动来践行传统文化中的道德规范和价值观念，体现了尧舜德孝文

王珍珠　吕晶　剪纸

山西省运城市盐湖区组织创作的"德耀中华"系列剪纸作品，连续在《人民日报》整版刊载

化的实践性。尧舜德孝文化注重实际行动，强调身体力行。它认为通过实际行动更能真正体现道德的价值和意义。在日常生活中，人们应该遵循孝敬父母、尊老爱幼、忠诚守信等道德规范，并通过自己的行为表现出这些价值观。这种强调实际行动的特点，使得尧舜德孝文化在社会中得到广泛传播。尧舜德孝文化也重视社会实践，认为道德观念应该应用于社会实践中。在治理国家、管理社会的过程中，人们应该注重以德治国、仁政治理，将道德观念贯彻到各个方面。这种注重社会实践的特点，使得尧舜德孝文化在中国历史上得以维护社会的稳定、推动社会的发展。尧舜德孝文化还注重教育实践，认为道德教育是培养人们品德和修养的重要途径。在教育过程中，人们应该注重对儿童进行品德教育和行为规范的培养，帮助他们树立正确的价值观和道德观。同时，尧舜德孝文化特别强调成年人自身修养的提高，成年人应通过自我教育和自我完善来达到更高的精神境界。这种注重教育实践的特点，使得尧舜德孝文化在中国教育史上得以代代相传，为中华民族的文化传承和发展作出了重要贡献。尧舜德孝文化还鼓励个人修养的提高。它认为每个人都应该注重自身的品德修养和行为规范，通过实践来提高自己的道德水平和个人修养。这种鼓励个人修养的特点，使得尧舜德孝文化在中国历史上培育出众多的圣贤之士。

三、尧舜德孝文化的历史脉络

百江之水终有其源。"君子尚德""以孝为先"的尧舜德孝文化是中华传统文化的精髓与瑰宝，其源于中华文明赖以生存的物质与精神土壤，也在中华文明历史发展中不断丰富传承。

（一）尧舜德孝文化的起源

尧舜德孝文化是中华德孝文化的源头与根本，起源于古代中国的黄河流域，并在历史长河中破旧立新，代代传承。据史书记载，尧、舜是古代中国的两位圣明君主，他们以德治国、以孝为先的事迹，尤其是对长辈和老人的尊重和孝顺，使他们成为后世所推崇的典范，是德孝文化的最早起源。

尧舜德孝文化传承于上古传说中的明德至孝。舜帝更被司马迁在《史记》中称为"天下明德"之始。舜之德，主要体现在修身、齐家和治国理政上。舜修身以德，踏实做人，无论顺境还是逆境，其高尚的人格都在熏陶教化着人民。只要是舜居住的地方，便兴起礼让之风，使当地的社会风尚显著地为之一变。人们都愿意住在靠近舜的地方，他去到哪里，人们便跟随到哪里，因而"一年而所居成聚，二年成邑，三年成都"。

这在德孝文化的源流之一舜帝的孝道故事中有着突出的反映。比如，舜帝出生时，以其父夜梦中见凤凰衔米托生、其母遇祥瑞彩虹感怀而有孕为内容的"天生异象"传说；舜屡受欺辱却不怀怨恨、以德报怨的"姚婆虐子"传闻；舜至善孝行感动天地，大象代替他耕地，鸟儿代替他锄草，尧因此起心动念，让其继位的"历山耕种"轶事；历经种种磨难，舜仍旧对多次残害他的亲人不计前嫌，恭敬孝顺的"二妃救夫"典故；舜舌涩口干地用舌头舐舐瞽父双目，致父重见天日的"舐目复明"故事等，都体现了"孝感天地"的美德，不仅在今天的山西广为流传，而且作为德孝文化

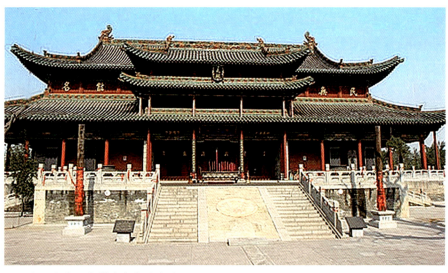

山西省临汾市供奉帝尧的尧庙

的源头，成为中华民族高洁精神品格的象征。

尧舜德孝作为德孝文化的源头，在诸多史册中均有记载。《庄子·天道》载："昔者舜问于尧曰：'天王之用心何如？'尧曰：'吾不敖无告，不废穷民，苦死者，嘉孺子而哀妇人，此吾所以用心已。'舜曰：'美则美矣，而未大也。'尧曰：'然则何如？'舜曰：'天德出而宁，日月照而四时行，若昼夜之有经，云行而雨施矣。'尧曰：'然则胶胶扰扰乎？子，天之合也；我，人之合也。夫天地者，古之所大也。'"舜问尧，君主时刻用心想的是什么？尧说自己想的是，不忘记抚恤鳏寡孤独之人。舜说这虽然很美，却不光大，君主应该像天德一样，将他的光芒雨露施予天下所有的人民。尧赞美舜与天合德，说自己是与人合德，而天地之德自古以来就是最大的。舜所想的也是他所推行的。《新书·修政》载："舜帝曰：'吾尽吾敬以事吾上，故见谓忠焉；吾尽吾敬以接吾敌，故见谓信焉；吾尽吾敬以使吾下，故见谓爱焉。是以见爱亲于天下之民，而见贵信于天下之君。故吾取之以敬也，吾得之以敬也。故欲明道而谕教，惟以敬也。故欲明道为忠必服之。'"舜以"敬"来对待上、下以及敌方，体现了忠、义、信、爱等道德精神。《孟子·告子章句下》说："尧舜之道，孝弟而已矣。"孟子解释尧舜之道的核心，是"孝弟"两个字，这就是最早的德孝文化。《孔子家语·好生》说："舜之事瞽瞍，欲使之，未尝不在于侧；索而杀之，未尝可得。小棰则待过，大杖则逃走。故瞽瞍不犯不父之罪，而舜不失烝烝之孝。"舜默默忍受瞽瞍的杖责，无怨而让人感到是自己之错，而非父亲之过，其孝已超乎寻常。舜作为华夏部落联盟首领，最早提出父义、母慈、兄友、弟恭、子孝的"五常之教"，让其在部落里推行。"五常之教"的内涵是倡导家庭和睦，父义，是给做父亲的定规矩，要有德义；母慈，要求做母亲的要有一颗慈爱的心；兄友，要求做兄长的要友爱弟妹；弟恭，做弟弟的要恭敬兄长；子孝，做子女的要孝敬父母。

（二）尧舜德孝文化的演进历程

尧舜德孝文化形成后，在不断传承的过程中，一方面对"德"与"孝"的理解，存在长时期的争辩，另一方面则在不断争辩的过程中愈益得到了持续性的弘扬。

1.春秋战国时期关于"德孝"的文化辩论

春秋战国时期兼并战争进入白热化阶段，礼乐崩坏，各诸侯国分裂割据。意识形态领域百家争鸣，儒家、道家、法家等流派纷纷提出了自己的德孝思想。

儒家学派提出了以"仁"与"孝"为核心的德孝观。儒家强调"德治"，认为道德是治理国家的基础。在家庭中，儒家强调孝道，认为孝是道德的核心。儒家经典《孝经》中明确提出"夫孝，德之本也"，把孝作为一切伦理道德的核心。孔子"天地之性，人为贵。人之行莫大于孝"和孟子"事亲为大"的思想，都表明在儒家看来，孝道是道德的根本，是家庭和谐和社会秩序稳定的基础。

道家的代表人物庄子，提出孝顺是"兼忘我"的六种境界——"以敬孝易，以爱孝难；以爱孝易，以忘亲难；忘亲易，使亲忘我难；使亲忘我易，兼忘天下难；兼忘天下易，使天下兼忘我难"，即敬孝、爱孝、忘亲、使亲忘我、兼忘天下、使天下兼忘我。前两种境界与儒家观点相似。但庄子认为，大孝还有更高的阶段，那就是第三步把父母当成无话不谈的朋友，忘记父母的身份（"忘亲"）；第四步是让父母忘记子女是他们的孩子，让父母把子女当成朋友（"使亲忘我"）；第五步是孝顺的时候同时忘记了天下人，因为孝是发自内心的，是目的而不是手段，不是做给天下人看的（"兼忘天下"）；最高境界是孝顺到天下人都忘记了自己的孝顺，爱父母和爱自己是一样的，已经完美地合二为一了（"使天下人兼忘我"）。

墨家思想体系中最主要的部分是以"兼相爱，交相利"为纲的政治思想和伦理学说。"兼爱"既是墨子的政治理想，又是他所追求的最高道德

境界。墨家提倡"爱无差等",即君臣、父子、诸侯家臣之间,乃至所有人与人之间,不分上下贵贱,都要相亲相爱。由"兼爱"的原则出发,墨子认为,"孝"不仅仅限于爱自己的双亲和长辈,还应包括爱民利众之意,"亲贫,则从事乎富之;人民寡,则从事乎众之;众乱,则从事乎治之"。

法家关于"德孝"的中心思想是"亲亲则别",人性利己是法家的共同信念,这与儒家的德孝观念有较大不同。以法家思想集大成者韩非子为例,韩非子认为人们处世的原则就是爱自己的亲人,爱自己的亲人就会有亲疏远近之分,喜欢谋取私利就会心存邪恶的念想。而儒家倡导的父慈子孝不过是虚伪的外壳,褪去光鲜亮丽的外衣之后,亲子关系的本质还是利益权衡,只是哺育后代与赡养殡葬之间的等量交换。既然人性天生自私自利,那么由人内心的道德力量和自觉建立起来的家庭伦理规范以及社会公德规范就不值得信任。由此韩非子主张由法治代替教化,认为只依靠人的自觉和所谓的道德之心来维护社会安定和政治稳定是行不通的,必须严格划分"孝"的道德领域和政治领域。

春秋战国时期围绕"德""孝"的争辩,尽管在具体内涵上存在不同的理解,但对于"德""孝"的重要性,各个思想派别并无争议,故而这样的争辩,越辩越扩大了德孝文化的影响,促进了德孝文化的传承。

2.汉唐时期关于德孝文化的丰富发展

汉代是推进德孝文化发展过程中极为关键的一环。汉代建立了以孝为核心的社会统治秩序,把孝作为自己治国安民的基础。随着儒家思想体系独尊地位的确立,孝道对于维护君主权威、稳定社会等级秩序的价值更加凸显,"以孝治天下"的德孝思想也逐渐走向理论化、系统化。

汉朝建立后,从汉高祖开始的几位君主十分重视老人的赡养问题,让老年人参与当地秩序的维护,对老年人的物质赏赐也十分频繁。高祖二年(前205)诏令:"举民年五十以上,有修行,能帅众为善,置以为三老,乡一人。择乡三老一人为县三老,与县令、丞、尉以事相教,复勿徭成。以十月赐酒肉。"这就形成了西汉的三老制度，三老在县域之内德高望重，县域的管理者遇事也必须与三老商量。

汉武帝时期，随着董仲舒"罢黜百家，独尊儒术"观点的提出，儒家所强调的"孝"在修身、齐家、治国、平天下等方面的作用被不断放大，最终形成"以孝治天下"的治国理念。为保证"以孝治天下"顺利进行，汉代朝廷采用"察举制""举孝廉"等选官机制，并且将孝行作为选拔的标准之一。"举孝廉"选官制度的推行，使得孝行成为官方提倡的道德修养，在一定程度上对社会风气的净化起到了积极的作用。

魏晋南北朝延续汉代的"以孝治天下"，上自皇帝，下至平民，都有许多孝道故事。正史专设《孝义传》《孝友传》，集中记载孝子孝行，以示褒奖和宣扬，由此开启孝友传和忠义传的先河，具有划时代意义。晋元帝、晋孝武帝、梁武帝、梁简文帝、梁孝明帝等皇帝为《孝经》作注，是历史上皇帝注解《孝经》最多的时期。梁武帝不但亲撰《制旨孝经义》，亲自讲解《孝经》，还多次诏令"孝悌力田赐爵一级"。这一时期，孝依然是仕途的通行证，孝道法律也不断完善，居丧违礼的人将受到法律和舆论的双重打击。除此之外，魏晋南北朝的选官制度和孝文化紧密联系起来。魏晋南北朝继承了汉朝"举孝廉"的制度，又设立了九品中正制。其中由中正官来评价人才的等级，以此来甄选官员。

隋唐时期孝治趋于成熟，政治、经济、文化日渐强盛，人们开始摆脱自汉代以来孝道对人性的束缚，忠道地位上升。唐代奉行"孝治天下"和"崇圣尊儒"的政策，唐太宗为防止因"玄武门之变"为人诟病，执政时期更强调以"忠信"御下，而非"忠孝"齐家。到了盛唐时期，唐玄宗以己身为范，大力提倡孝行。由于唐玄宗的大力提倡与支持，加之佛教、道教的宗教式宣扬，孝文化有了长足的发展。唐玄宗两次批注《孝经》，诏令天下，家家收藏，还亲自手写《孝经》，刻石立于太学。《孝经》也因此成为《十三经注疏》中唯一一部由皇帝亲自注疏的儒家经典。

3.宋明之后德孝文化的僵化

在宋明社会中，由于儒家思想的影响，人们非常重视孝道和礼仪之道。随着时间推移，这种文化过分强调孝道和礼仪的形式而忽视了其本质意义和当时的现实需求，导致了一定程度上的僵化。特别是朱熹的"存天理，灭人欲"，以天理的至高无上性为出发点，论述纲常伦理的合理性、必要性、永恒性，把"君君臣臣，父父子子"，人与人之间的一切伦理关系都归于天理的范围，并以三纲五常作为约束人伦的道德规范，使"德孝"被局限在理学家的"理"之中，故而导致了"父要子死，子不得不死；君要臣亡，臣不得不亡"的人伦关系，以及"饿死事小，守节事大"致使妇女社会地位大大降低等僵化、愚昧化的倾向。

到了元朝，统治者还加重了对女性行孝的要求。元代统治者极力提倡孝，《孝经》和《古列女传》作为钦定的读本印行全国。孝的强化加重了妇女对家庭的责任和义务，使孝道走向极端化、愚昧化的泥塘。

明末，随着社会的动荡、资本主义萌芽的出现和发展以及一批新思想家的出现，这种僵化的思想出现了松动。李贽提倡发展个性，不能一味压制"人欲"，承认人的私欲，批判程朱理学对人性的压制，批判明朝一味加强儒家正统、捧高圣人地位的做法，认为不能以此为一成不变的教条。顾炎武、黄宗羲等人批判君权，提出重视个人的思想与权利，在一定程度上冲击了宋明时期的思想，但是由于被当时的社会视为异端邪说，并没有完全改变已经僵化的局面。

4.新文化运动与德孝文化的批判

辛亥革命结束了中国的封建帝制，开启了民主共和新纪元，其后发生的新文化运动，对传统文化特别是孝道文化进行了史无前例的历史性反思。

一方面，新文化运动对旧礼教和儒家泛孝思想进行猛烈抨击。吴虞在《说孝》一文中指出："孝字最初的意义，是属于感恩。"儿女奉养父母，是一种社会公共美德，但是因此衍生出其他道德，是错误的。陈独秀对儒家孝道观的欺骗性和虚伪性进行了深刻反思，在《东西民族根本思想之差异》一文中指出："宗法社会尊家长，重阶级，故教孝……宗法制度之恶果，盖有四焉：一曰损坏个人独立自尊之人格；一曰窒碍个人意思之自由；一曰剥夺个人法律上平等之权利（如尊长卑幼同罪异罚之类）；一曰养成依赖性。"他认为宗法制度强调孝，其不良影响就是造成社会的不平等、不自由。鲁迅在《狂人日记》中对封建礼教的残酷性和愚昧性进行了深刻批判："我翻开历史一查，这历史没有年代，歪歪斜斜的每叶上都写着'仁义道德'几个字。我横竖睡不着，仔细看了半夜，才从字缝里看出字来，满本都写着两个字是'吃人'！"《狂人日记》深刻地揭露了中国传统家族制度和礼教的极大弊端以及"吃人"本质，其反思和批判的对象是儒家宣扬的"愚孝"思想。

另一方面，新文化运动对旧礼教和儒家泛孝思想的批判，也出现了一些极端化的认识，一定程度上助长了全盘否定德孝文化的倾向。这一时期对传统德孝文化的思考，与当时提出的"民主，科学，提倡新道德，反对旧道德"的口号是一致的，是适应了当时民主革命与社会变革客观需求的，"自由、平等"的新理念也为现代新型德孝文化的确立奠定了思想基础。

（三）中国共产党对尧舜德孝文化的丰富发展

中国共产党在领导革命、建设和改革开放实践中，把尧舜德孝文化作为中华优秀传统文化的重要体现，既扬弃历史上逐步演变的德孝文化的鄙陋成分，更注重传统德孝文化向新型德孝文化的嬗变，实现了尧舜德孝文化在新的时代条件下的创造性转化和创新性发展。

1.革命时期中国共产党对尧舜德孝文化的丰富发展

在领导中国革命的时期，中国共产党把以爱国主义、理想主义、艰苦奋斗、国际主义等为主要内容的无产阶级道德观，与尧舜德孝文化的优秀成分有机结合，促进尧舜德孝文化得到了新的发展。

传统尧舜德孝文化中蕴含着修身以德、贤德爱民、敬德保民、民贵君轻、尊老护幼等优秀成分，在党领导革命事业发展的实践中得到了传承与发展。更为突出的是，中国共产党对德孝文化的认知与践行，与为中国人民谋幸福、为中华民族谋复兴的初心使命紧密相连，以增进人民福祉、为民族国家无私奉献和强调集体主义的"大德"，诠释尧舜德孝文化之"德"，以饱含对祖国、对人民的赤诚忠孝之心，赋予尧舜德孝文化之"孝"以时代内容，在道德原则上革故鼎新，将无产阶级道德观与传统德孝观念结合起来。毛泽东就对忠孝的内涵进行了重新界定，他认为：对国家尽忠，对民族尽孝，我们赞成，这是古代封建道德，我们要改变它，发扬它。就是要特别忠于大多数人民，孝于大多数人民，而不是忠孝于少数人。这种"大忠""大德""大孝"的理念，表明了中国共产党在土地革命时期、抗日战争时期、解放战争时期等各个阶段，将尧舜德孝文化与党的革命道德文化的发展紧密联结。这是党领导中国革命在不畏艰险、斩关夺隘的艰苦斗争中，越来越赢得亿万人民群众支持拥护的重要原因。正如1939年4月26日中共中央发出的《为开展国民精神总动员运动告全党同志书》所指出的："一个真正的孝子贤孙，必然是对国家民族尽忠尽责的人，这里唯一的标准，是忠于大多数与孝于大多数，而不是忠于少数和孝于少数。违背了大多数人的利益就不是真正的忠孝，而是忠孝的叛逆。"党在把国家、民族利益放在诸道德最高位置的实践中所彰显的大写的德孝精神，激发无数仁人志士为挽救民族危亡而尽其大孝。杨靖宇、赵一曼等同志的光辉形象熠熠生辉，凸显了党坚定的革命精神与道德意志。尧舜德孝观念与革命文化相辅相成，增强了中国共产党的软实力。德孝文化在与革命文化的融汇之中也在不断丰富发展。

2.新中国成立之后中国共产党对尧舜德孝文化的传承和弘扬

新中国成立后，思想文化发展进入快速上升期，全社会的道德建设进入了一个新纪元。文化与政治、经济相适应，新的时代呼唤新的道德文化。1950年党的七届三中全会就提出，要在汲取源于革命年代的中国革命道德和对传统文化进行批判性吸收的过程中，"树立社会的新道德"，为尧舜德孝文化在新社会的传承转化指明了方向。

新中国成立后，伴随社会主义改造和社会主义建设的开展，党在"新道德"建设中坚持继承和创新尧舜德孝文化。1949年中国人民政治协商会议明确提出的"爱祖国、爱人民、爱劳动、爱科学、爱护公共财物"的"五爱"公德，都与德孝文化理念相契合。"五爱"公德的法律化更为"为人民服务""雷锋精神"等思想提供了有力支撑，激发了人民心中的道德认同感。人民群众逐渐树立起明确的社会主义意识，爱国主义、集体主义、为人民服务等共同价值观在越来越多的社会成员中受到崇尚。在此之后，尧舜德孝文化的发展与党的重大实践活动密切关联。中国革命道德思想在对德孝文化进行批判性继承的过程中，"为人民服务""精忠报国""爱党、爱国家、爱人民"的"大德大孝"思想，贯穿于"三反"、"五反"、抗美援朝、社会主义改造与教育等实践中，通过党和政府的教育宣传，爱国主义、集体主义、为人民服务等革命道德价值观在新社会逐渐推广传播，社会主义新型人际关系以及良好社会风气逐渐形成。

进入社会主义建设时期，党和政府在党员和人民群众中开展了一系

山西省运城市陶村镇五曹村重阳节组织老人聚餐

列思想道德教育活动，尧舜德孝文化的发展体现在一批道德楷模的典型事迹中。毛泽东大力倡导"为人民服务""毫不利己、专门利人""不惧困难，艰苦奋斗"的道德追求，这种追求在无数道德模范身上得到充分体现。雷锋、王进喜、焦裕禄等楷模一生为人民鞠躬尽瘁，成为中国共产党人践行德孝文化的典范，彰显了社会主义道德的高度和尧舜德孝文化在新的时代条件下发扬光大的价值厚度。

服务于社会主义道德建设的尧舜德孝文化，从总体上看，构成新中国道德建设的重要内容，德孝文化的传承发展呈现出曲折前进、螺旋上升的过程。这是改革开放后中华优秀传统文化在新的时代召唤下焕发出光彩不可忽视的条件。

3.改革开放以来中国共产党领导下尧舜德孝文化的实践创新

改革开放以来，尤其是党的十八大以来，在党中央的领导下，全国上下传承尧舜德孝文化，积极践行社会主义核心价值观。

一方面，新时代社会主义核心价值观建设为尧舜德孝文化增添了新的时代内容。在全面建成小康社会和全面建设社会主义现代化国家的实践中，"富强、民主、文明、和谐、美丽"的理念，成为新时代尧舜德孝文化的重要内容，以中国式现代化全面推进中华民族伟大复兴成为尧舜德孝文化推崇的"大德大孝"，从个体、家庭到整个村落的村风民风，从党员干部到全社会，德孝观念深入人心。德孝文化在新时代的传承，不仅使中华传统美德得到弘扬，使德孝文化在新时代焕发出强大的生命力，更使整个社会形成良好的道德风尚，促进社会主义核心价值观的践行，激发了推进经济社会发展的强大力量。

另一方面，新时代尧舜德孝文化的践行，为改革开放和现代化建设提供了强大的精神支撑和道德示范。进入新时代，以各级党员干部为表率来推进的尧舜德孝文化实践，把弘扬尧舜德孝文化上升到加强思想道德建设、践行社会主义核心价值观、构建和谐社会、促进社会高质量发展的高度来认识，涌现出一批与时代要求相契合、与现代文明相融合的新型德孝典型与事迹。运城市盐湖区重阳节持续开展"践行德孝·党员在行动"主题党日活动,兴建德孝文化苑与文化活动广场,推进老年人日间照料中心、农家书屋和文艺宣传队伍、志愿者服务队伍建设,编写一套六本的《德孝教育读本》等实践,弘扬了尧舜德孝文化,教育引导干部群众将孝廉美德内化于心、外化于行,以孝为美、以廉为荣、孝廉并举,彰显了尧舜德孝文化的强大生命力,促进了道德规范与民风淳化相结合,印证了"德孝"是中华优秀传统文化的重要核心内容,是积极培育和践行社会主义核心价值观的重要组成部分。弘扬尧舜德孝文化具有实践发展的客观必然性,也一定能够在新时代为实现民族复兴的中国梦提供强有力的精神支撑。

值得强调的是,尧舜德孝文化在推进中华民族伟大复兴进程中具有愈益突出的作用,焕发出更为强劲的发展生机与创造活力。随着中国式现代化实践的不断深入,尧舜德孝文化以弘扬中华优秀传统文化的恒久引擎推动,必然会对实现中华民族的伟大复兴作出更为突出的贡献。

山西省运城市"践行德孝忠义　放飞青春梦想"主题演讲大赛现场

四、尧舜德孝文化的时代价值与实践路径

德孝是中华传统美德。在推进中国式现代化、实现中华民族伟大复兴的征程中，深入挖掘尧舜德孝文化的时代价值，探索实现这些价值的具体路径，具有重要的实践意义。

（一）尧舜德孝文化的时代价值

尧舜德孝文化是中华传统文化的重要组成部分，传承与弘扬尧舜德孝文化，具有重要的政治、文化、经济、社会和对外传播价值。

1. 尧舜德孝文化的政治价值

全面推进中国式现代化，离不开法治与德治的有效结合。尧舜德孝文化作为中华优秀传统文化的重要内容之一，尤其强调一个人应当具备的高尚品质和道德修养，包括在家庭和社会中应该具备孝敬父母、诚实守信、宽容谦和等美德，这些道德要求既体现了个人的品德修养，也涵盖了社会的道德规范，是促进整个社会道德水准提升、形成和谐文明社会的重要条件。

家庭是社会的细胞，德孝文化是家庭美德的综合体现，每一个党员干部、社会成员都是家庭的一员，他们的道德培养离不开家庭的影响和熏陶，其自身修养的提升自然会影响到整个社会。随着德孝实践活动的不断深入，党员干部的德政意识得到提高，在社会中的道德引领作用得以彰显，能够引领群众、带动群众，真正实现"上行之，下效之"的目的。党员干部的德孝行为，不仅有利于把人们的孝行善念激发出来，还能促进社会成员把小孝变成大孝，把小善变成大爱，真正起到引领和激励全社会积善成德、明德惟馨的作用，在全社会构建起以道德为基础、以人民为中心的社会治理模式。

2. 尧舜德孝文化的文化价值

尧舜德孝文化的文化价值在于它可以引导人们树立正确的价值观，养成良好的品行，不断提升公民的道德素质，对促进家庭和社会和谐，丰富人们的精神生活具有不容忽视的重要作用。

一方面，尧舜德孝文化是中华优秀传统文化重要的传承载体。尧舜德孝文化强调德行和孝道的重要性，包含着丰富的文化价值理念。其中，尧舜倡导以仁爱和善良为核心的治理理念，通过选拔培养贤能，为后世树立了推崇贤能的榜样；通过推行公平正义的执政方法，展现出高明的执政能力和智慧；通过重视人们的道德教育，培养人与人之间的亲情和友情；通过以仁爱之心关心他人，促进社会的和谐发展；通过强调孝道，把对父母的孝敬看作是最基本的道德要求之一。这些都构成了尧舜德孝文化不断传承的优秀基因密码，为新时代推进马克思主义与中华优秀传统文化的结合，提供了重要而具体的实践载体。

另一方面，尧舜德孝文化为培育社会主义核心价值观提供了实践的具体途径。从具体内容上看，尧舜德孝文化和社会主义核心价值观都强调道德建设，重视人的道德品质和行为规范，二者的价值理念相互契合。德孝文化中强调孝敬父母、尊重长辈，倡导家庭和睦、社会和谐的价值理念，与社会主义核心价值观的理念完全相符。同时，德孝文化所倡导的诚实守信、孝敬父母、友爱仁善等美德是当代公民道德建设的重要内容，对于提升整个社会的道德水准具有重要的借鉴价值。德孝文化中倡导的孝道和德行，还是人们心灵寄托的一部分，它使人们在生活中找到了情感的满足和精神的支撑，为人们提供了心灵上的依托和抚慰。

3.尧舜德孝文化的经济价值

尧舜德孝文化的经济价值，在于其所强调的诚实守信，有助于促进市场主体在社会经济活动中坚守诚信的价值理念，从而为经济社会发展提供稳定的社会环境。

一方面尧舜德孝文化通过倡导诚实守信的商业道德，增强经济活动的可预期性，提高经济效率。市场主体不讲诚信、不守信用，必然造成交易秩序混乱，使市场交易成本、经济运行成本大幅上升，制约经济持续健康发展。尧舜德孝文化强调以诚实守信的态度参与市场活动，能够提升经济主体的声誉，从而提高了交易效率，也有助于经济秩序的良序运行。

另一方面尧舜德孝文化有助于培育经济主体的社会责任感，促进社会健康文明程度的不断提高。尧舜德孝文化内在包含了市场主体诚实守信的商业道德精神，为义利关系提供了道德层面的支持。其强调在市场经济中市场主体不能只追求利益，还应该在追求经济利益的同时，履行社会责任。

4.尧舜德孝文化的社会价值

尧舜德孝文化的社会价值，在于它强调个人道德品质、家庭和社会和谐、公共利益至上等价值理念，对个人品德培养、家风建设和社会治理作用显著，为构建一个和谐、稳定、文明的社会提供了价值支撑。

"百善孝为先。"孝是个人美德的基本要求，一个人如果没有了孝心，就会丢掉做人的根本。孝是个人美德培养的起点，而家庭中的血缘关系所形成的天然情感，可以帮助人们从内心深处自觉地接受美德规范的要求，使子女认识到对父母的孝敬不仅要体现在物质方面，还要体现在精神方面，也就是赡养和尊重父母是相辅相成的，只敬不养不为敬，只养不敬不为孝，最终在不断重复的行为中完成个人品德的养成。孝也是家庭稳定和幸福的催化剂，德孝实践活动真正践行了孝老敬亲的家庭美德。活动中的人们感受到了亲人间的理解、亲近和感恩，增进了家庭成员间的感情，促进了家庭的和睦，形成了代代相传的良好家风。此外，孝还是社会伦理的基本规范，其尊老助老的内涵对建立友善的人际关系、建构和谐社会具有重要意义。德孝文化的浸润还促成了互助友爱的社会伦理道德的形成。在德孝实践活动中，最典型的就是志愿服务的广泛开展。志愿精神是道德力量凝聚的体现，也是良好社会道德风尚形成的重要标志。

5.尧舜德孝文化的对外传播价值

尧舜德孝文化具有重要的对外传播价值，不仅可以促进文化交流、增进国际理解，还可以对世界各国的社会发展和治理提供有益的启示。通过国际交流和对外传播，在不同文化之间的交流、互鉴和共享中，德孝文化可以向世界各国提供一种积极向上的道德模式，让世界了解中华传统文化的独特之处；还可以改变一些国家的零和博弈思维，强调国际社会合作、互助、共赢的发展模式，提倡多边主义和国际合作，构建人类文明新形态，凝聚不同文明的全人类共同价值。

德孝文化强调道德品格、公共利益和德治理念，内在契合了全球治理体系变革提出的新要求，面对世界百年未有之大变局中出现的"四大赤字"（和平赤字、发展赤字、安全赤字和治理赤字），启示国际社会摒弃霸权逻辑，寻求合作共赢的王道，引导各国在国际事务中维护公共利益，寻求共同发展，向世界展示中华传统文化的独特魅力，让国际社会看到一个可亲、可敬、可爱的中国，不断提升中国的软实力，为中国在国际事务中发挥更加积极的作用奠定文化基础。

（二）弘扬尧舜德孝文化的经验启示

山西有着丰富的尧舜文化资源，在开展德孝文化活动中积累了许多切实可行的经验，推动了本地区的经济建设、政治文明、文化繁荣和社会发展，带给我们许多有益的启示。

1.山西弘扬尧舜德孝文化的突出特点

山西是尧舜德孝文化的发源地。在弘扬尧舜德孝文化的过程中，山西充分利用当地的文化资源，形成了一些鲜明的实践特点。

一是地域优势突出。山西结合自身的地域特色，把尧舜文化与当地的历史、人文和自然景观结合起来，形成了以尧舜文化为主题的旅游景区，诸如文化遗址、纪念馆、文物景观等，为德孝文化的传播提供了现实载体，独具地方特色的文化景观和活动吸引了大量游客前来参观学习。

二是注重社会效益。弘扬尧舜德孝文化，山西持续时间长，活动范围广，参与群众多。但无论什么样的形式与活动，注重社会效益始终放在第一位。弘扬尧舜德孝文化以德为本，以孝为核心，强调尊敬和关爱长辈，注重家庭和社会的和谐，由此决定了它的社会效益是十分明显的。山西的实践证明，尧舜德孝文化在中国社会，特别是基层社会传承了几千年，通过弘扬尧舜德孝文化，不仅培养了人们的家庭观念和社会责任感，增强了

社会的凝聚力和稳定性，还激发了广大群众的创造力和奉献精神。实践证明，在尧舜德孝文化搞得好的地方，家庭和睦、社会和谐与经济社会发展是其共同的特点，社会效益极为明显。

三是强调发展创新。在弘扬尧舜德孝文化的过程中，山西尤其注重改革创新。最突出之处，是在以传统孝德培育良好家风中，注入时代内容。在培育良好家风的过程中，山西各地通过讲述家族历史、举行家族活动，把孝道教育持续开展起来，使孝道观念深入人心，变成家庭成员的一种自觉行动；同时也把新的实践与推动经济社会发展和党风廉政建设等内容，注入德孝文化实践中，特别是以抓党员领导干部和抓父母长辈言传身教两个重点，引导家庭成员树立正确的价值观和做事的行为准则。

2.山西弘扬尧舜德孝文化的典型实践

山西在传承弘扬尧舜德孝文化方面采取了一系列积极有效的措施，取得了丰硕的成果。

其一，通过搭建活动平台，弘扬尧舜德孝文化。通过一定的活动载体、平台和方式建设德孝文化，是山西实践突出的特点。如，运城市以举办舜帝德孝文化节为载体传扬德孝文化，晋中市和顺县开展新闻记者"德孝文化行"采访活动，太原市阳曲县新安东街社区举办"孝满社区 德润人心"宣讲活动。在这些活动中，运城市盐湖区构建的"八位一体"德孝文化活动平台最为典型。"八位一体"是指：一是上好"一堂课"。政府积极引导全区农村、社区、机关、企业、学校、各级党校邀请专家、教师和德孝典型登台讲课。二是做好"一顿饭"。开办日间照料中心，使留守老人、孤寡老人老有所养、老有所乐、老有所为，同时解除了青壮年外出务工、离土创业的后顾之忧。三是树好"一面墙"。在农村和社区的文化活动场所，建起德孝文化墙，把历任村干部为群众办的实事好事、村里的德孝楷模及其孝行镌刻在墙上，起到褒扬典型、激励群众的作用。四是演好"一台戏"。组建德孝文艺演出队，常年在农村、社区表演，达到感染人、鼓舞人、教育人的目的。五是戴好"一朵花"。各村每年举办"夸

山西省临汾市第五届尧都文化旅游节

媳妇"等评选道德楷模活动,通过评选一个人,起到影响一大片、教育全社会的实效。六是献出"一份爱"。建立志愿服务队,以开展助老助残、扶孤济困、文化传播、医疗卫生、社会服务等志愿服务。七是用好"一张牌"。通过举办德孝文化节活动塑造好德孝文化品牌。八是建好"一张网"。开展德孝文化进校、进企、进家等"七进七创"活动,建立覆盖城乡、调动社会各界参与的德孝实践网。

其二,树立典型,突出道德教育主体。在建设德孝文化实践中,山西注重挖掘、培养、树立先进典型,坚持用身边的人和事来教育身边的人。吕梁市孝义市建设的德孝文化园,收集、整理了孝义历史上的德孝典型,以古喻今,教育群众;晋城市阳城县献义村通过采取自下而上、层层推选的办法,重民意,严把关,推选出先进个人典型和先进集体典型。在树立的典型中,有集体、有个人,包括"道德模范""孝顺媳妇""美德少年""最美工人""最美教师""德政单位""诚信企业""幸福村庄""和谐社区""爱心校园"等。同时,德孝文化宣传教育还针对不同主体提出不同的标准。如对机关干部提出"清正廉洁、建功立业"的要求,对农民群众提出"孝老爱亲、和睦邻里"的要求,对企业经营者提出

"感恩社会、诚信经营"的要求，对学生提出"尊师敬老、品学兼优"的要求，对市民提出"互助友爱、崇尚文明"的要求，对家庭成员提出"崇尚德孝、传承家风"的要求，这些都更好地细化了不同践行主体开展德孝文化活动的目标和方式，使德孝活动更具体，可操作性更强。

其三，弘扬志愿精神，创新基层治理。在德孝文化的感召下，志愿服务已成为山西城乡基层治理的重要方式，初步形成了全民志愿参与、全年无休的生动局面。晋中市和顺县"德孝小区"万和嘉园、"德孝乡村"松烟镇白仁村等作为示范点，把德孝文化、志愿精神注入基层治理当中，促进了县、乡、村三级基层和谐社会建设。和顺获得了"全国第三批养老服务示范单位""全国老龄工作先进县"等荣誉称号。全省普遍开展了助老助残、扶孤济困、文化传播、医疗卫生、社会服务等志愿工作，提供了助老、就医、送学、救急、扶困，以及帮厨、打扫、洗衣服等志愿服务。志愿服务已经成为一种风尚，有效地强化了基层社会治理，村民和睦相处，干群关系融洽，文明新风处处体现。

其四，依托社会力量，深入研究宣传。践行德孝是全社会的事，要依托全社会的力量。由中国老龄事业发展基金会、山西省社科联、共青团山西省委联合主办的"弘扬传统文化、建设德孝山西"系列活动，已经连续举办多年，活动深入农村、机关、企业、社区、学校等基层组织。同时，山西各类基层妇女联合会、老年协会、红白理事会、卫生服务和民调中心等组织机构，都积极参与弘扬德孝文化的活动中。山西还特别注重运用市场力量助推弘扬德孝文化。山西建立了山西省孝文化研究会、山西德孝文化传媒有限公司等组织，成为积极宣传、深入研究德孝文化，弘扬德孝精神的重要力量。

3.山西弘扬尧舜德孝文化的实践启示

山西在弘扬尧舜德孝文化的实践中，充分发挥了本地传统文化的优势，推动了尧舜德孝文化的传承和发展，促进了社会的和谐稳定与发展。

启示之一：弘扬尧舜德孝文化重在找到传统文化向现代转化的契合

点。德孝文化是中华民族精神基因的传承，其精髓就是要激活善念的种子，激发善意的活力，激励善行的光大。"孝"的情怀具有始于家庭而延伸至社会、始于私德而扩展为公德的特点，要充分发挥孝文化在调节家庭关系、维护家庭伦理道德方面的作用，发掘其在维护社会稳定、形成良好社会风气、构建和谐社会中的重大作用。开展以"德政千秋、孝行天下"为主题的传承实践活动，把当地优秀传统文化资源与现代社会价值有机结合起来，不断丰富活动载体和平台，使传统文化得以继承发扬，实现了与现代社会价值的良好对接。

启示之二：创造性转化对弘扬尧舜德孝文化意义深远。把马克思主义基本原理同中华优秀传统文化相结合，要着力赓续中华文脉，推动中华优秀传统文化创造性转化和创新性发展。传承尧舜德孝文化也是这样。一方面，要区分传统文化中陈旧、封建糟粕的成分与尧舜德孝文化的优秀基因，不能把弘扬尧舜德孝文化等同于倡扬"三从四德""三纲五常"等带有贵贱尊卑、逆来顺受意味的陈旧观念。山西在弘扬尧舜德孝文化的过程中注重创造性转化，积极寻找传统文化向现代转化的契合点的价值就在于此。另一方面，要坚持为尧舜德孝文化注入时代精神。山西把改革奉献、和谐社会等理念融入弘扬尧舜德孝文化的实践中，弘扬德孝文化更具时代性、实践性的真谛也在于此。

启示之三：注重尧舜德孝文化传承的实际成效最为关键。山西的实践表明，抓住"孝"这个基层社会最基本的价值取向和道德评判标准，尊重群众主体地位，关注人们利益诉求和价值愿望，以解决群众最关注的养老等难题作为切入点，保障空巢老人、留守儿童、残疾人家庭等困难群体权益，就能在最短时间内，最大限度地激发人民群众参与的积极性，使人民群众成为推动活动开展的主体力量。充分利用区域文化的独特性，通过开展德孝文化实践活动，搭建群众便于参与的平台，运用群众喜闻乐见的方式，开辟群众乐于参与的渠道，才能促进德孝价值观内化于心、外化于行，营造见贤思齐、崇德向善的良好社会风气，培育符合时代要求、体现

地域特点的德孝文化。

启示之四：党建引领、群众参与、健全机制是弘扬尧舜德孝文化的根本保障。山西有着德孝文化的深厚历史与群众基础。尧、舜源于三晋大地，山西孝义、和顺、永和等地名，都有着德孝文化的基因。所以，山西弘扬尧舜德孝文化从群众中来，又回归到指导群众工作、生活实践中去，其中最主要的环节，一是各级党组织的领导组织、党建工作的扎实推进，由此使德孝实践逐渐形成群众主动参与、自我教育、共建共享的模式。发挥党组织的作用，强化党建引领功能，把各方面的积极性调动起来，为弘扬尧舜德孝文化提供了政治保障。二是建立健全制度，完善机制保障。山西各地的实践都有一个特点，就是弘扬尧舜德孝文化要靠制度机制。各地通过德孝规则、村规民约、志愿承诺、德孝治家等制度方式，示范点、先进事迹与人物等奖优罚劣的机制，保证弘扬尧舜德孝文化置于规范化、制度化的轨道，促进建设实践有了机制化的保障。

（三）推进尧舜德孝文化传承的途径与方式

新时代尧舜德孝文化的传承需要结合现代社会的特点和传播手段，通过宣传、教育、组织、研究等多种途径与方式相结合，促进社会各界共同参与，推动尧舜德孝文化在当代社会得到有效的传承和发展。

1. 坚持从推进"第二个结合"的价值意义上明确定位

推进马克思主义与中华优秀传统文化相结合，不断夯实马克思主义中国化时代化的历史基础和群众基础，让马克思主义在中国牢牢扎根，是马克思主义中国化时代化实现"第二个结合"的根本要求。一方面，推动尧舜德孝文化在当代社会的传承，必须以马克思主义为指导，挖掘尧舜德孝文化的精华，全方位、多角度阐释尧舜德孝文化的独特创造、价值理念和鲜明特色，并进行创造性转化和创新性发展，让尧舜德孝文化焕发出新时代的光辉。另一方面，弘扬尧舜德孝文化以正家风、化民风、倡廉风、清社风为主要内容，其强调孝道、忠诚、诚信等品质，蕴含着丰富的人文内涵，将其与新时代社会主义核心价值观相结合，能够引领现代社会价值观的发展，使之更加符合时代需求。同时，尧舜德孝文化可以通过独特的文化内涵滋养大众的精神世界，增强人们对中华优秀传统文化的认同感和自信心，并在国际上展现出中华文明的独特魅力，提升国家的软实力和国际形象。可以说，将弘扬尧舜德孝文化定位于推进"第二个结合"的要求，既是对优秀传统文化的尊重和保护，也是对现代社会价值观的积极引领。

2.坚持在不断发展创新中丰富尧舜德孝文化的时代内涵

凡益之道，与时偕行。这就要求我们必须结合时代条件，在继承中不断发展创新，把中华优秀传统文化的精神标识提炼出来，把那些具有当代价值、世界意义的文化精髓提炼出来，深入挖掘和阐发中华优秀传统文化的时代价值，设计创新的教育模式和课程体系，使尧舜德孝文化能够融入学校教育、家庭教育等各个方面，使其内化于心。同时，还要运用群众喜闻乐见的形式将德孝文化推广开来，利用现代科技手段，如互联网、短视频等现代传播手段推动其创造性转化和创新性发展，扩大其传播范围，增强人民群众的认同感、参与感和获得感。此外，将尧舜德孝文化与文化产业相结合，通过文化创意产品、文化旅游等形式，有效吸引和感染大众，使其在潜移默化中受到尧舜德孝文化的熏陶，让德孝成为人们的精神追求和行为习惯，促使尧舜德孝文化中最基本的文化基因与当代文化相适应、与现代社会相协调。总而言之，要把不断创新与弘扬尧舜德孝文化相结合，使尧舜德孝文化在新时代不断增添新的内容，不断焕发出新的生机。

3.坚持从人民群众主体地位上尊重群众的首创精神

尧舜德孝文化历经数千年经久不衰，显示出其深厚的群众基础。这就要求我们在弘扬德孝文化中必须坚持人民至上，始终尊重人民的主体地位，充分发挥人民群众的首创精神，紧紧依靠人民群众，让广大人民群众认识、接纳和传承德孝文化。要坚持把出台相应支持政策与尊重群众首创精神结合起来。广大人民群众作为尧舜德孝文化最直接的践行者，对文化建设相关政策的思路目标、制度机制合理与否最有发言权。要确保相关政策科学合理、见诸实效，必须善于从碎片化的意见建议中总结归纳出具有规律性、代表性的共同点，把弘扬德孝文化中可能出现的问题作为相关政策安排的出发点，确保相关政策能落实落地。要坚持把加强调查研究与尊重群众首创精神结合起来。广大人民群众处于生活的第一线，最了解践行德孝文化时所遇到的具体问题，最能够创造出体现时代风貌、反映群众诉求的做法与经验。要用好调查研究这个传家宝，俯下身来，倾听群众的呼声，总结经验，汲取群众智慧，不断改进工作办法，推动弘扬德孝文化事业的发展。

4.坚持在党的领导下形成尧舜德孝文化齐抓共建的社会氛围

党的领导是弘扬尧舜德孝文化的政治保证。党的领导可以统筹协调各方力量，汇聚起行孝向善的强大合力，营造良好社会氛围，促进弘扬尧舜德孝文化工作顺利稳步推进。要坚持在党的全面领导下，组织协调社会各领域、各系统、各部门结合工作实际和干部群众的特点，积极探索开展弘扬尧舜德孝文化的新思路。在教育宣传上，要使广大群众对弘扬尧舜德孝文化的目的、意义和价值认知更加清晰，形成共同的认知；在具体协同上，要整合政府、社会机构、企业、学校等各方面的资源，形成合力，共同弘扬尧舜德孝文化；在组织领导上，要发挥党组织的组织力量和引领作用，引导广大群众积极参与弘扬尧舜德孝文化，形成人人参与的良好氛围；在环境营造上，要通过制定相应政策和措施，为弘扬尧舜德孝文化提供必要的政策支持，创造良好的政策环境。

　　"尧舜德孝文化篇"编写组：高建生　郝玉宾　刘丽瑛　李嘉莉

关公忠义文化篇

关公忠义文化篇

关公忠义文化历经千年而不衰，以真实的历史为基础，以民间信俗为核心，以艺术为羽翼，已经成为中华民族的集体文化记忆，成为增强全球华人情感认同、文化认同、民族认同的精神纽带。在中国特色社会主义进入新时代、中华民族伟大复兴进入新征程的时代背景下，传承弘扬关公忠义文化，擦亮关公忠义文化名片，挖掘关公忠义文化的时代价值，对于弘扬社会主义核心价值观，铸牢中华民族共同体意识，推进中国式现代化，具有重要意义。在新的起点上坚持马克思主义的指导地位，坚持"两个结合"，扎实推进马克思主义基本原理同中华优秀传统文化相结合，要推动关公忠义文化创造性转化和创新性发展，为助力谱写中国式现代化山西篇章发挥积极作用。

一、关公忠义文化的意义地位

忠义是一种对正义和理想忠贞义烈的道德品质，既是中华民族道德文化中最为重要的优秀品质之一，也是推动国家社会向前发展的重要力量，更是社会大众普遍认同和共同遵守的行为准则。在当代中国，传承弘扬关公忠义文化是坚持"两个结合"的必然要求，同践行社会主义核心价值观高度契合，符合实现中国式现代化的理论逻辑、历史逻辑和现实逻辑，在文化传承性和民族主体性上具有历史赓续意义，能为实现中华民族伟大复兴提供更加蓬勃强大的精神力量。

（一）关公忠义文化是中华优秀传统文化的重要组成部分

中华优秀传统文化博大精深、源远流长。关公忠义文化是中华优秀传统文化的重要组成部分，也是其最为优秀的代表之一。关公忠义文化影响广泛，产生于三国，完善于唐宋，成熟于元明，大兴于清代，近代以来成为特色鲜明、影响广泛的重要传统民俗文化。它根植于中华优秀传统文化的肥沃土壤中，超越了时空、民族、国界，蕴含着中华民族最深沉的精神追求，代表了中华民族独特的精神标识，成为全世界中华儿女共同推崇的中华优秀传统文化的典范。关羽对国以忠、待人以义、处世以仁、征战以勇的品格，影响着一代又一代中华儿女，在中华文化中占有不可替代的地位。

1.蕴含中华民族精神的核心理念

关公作为中华民族"忠义"文化的代表，自古以来受到上至帝王将相、下到黎民百姓的尊崇膜拜。"忠义"是中华民族优秀的传统道德基石，是儒家除了"仁"之外最重要的道德范畴，也是关公忠义文化中拥有最高道德含金量的决定元素。关公忠义文化深深扎根于中华民族的肥沃土壤，成为中华民族对内传承忠义节烈、诚信友善的优秀品德，对外展现自强不息、厚德载物的民族精神的一面旗帜。其所蕴含的中华民族精神核心理念，具体表现为护国佑民、矢忠不二的价值取向，生动诠释了中华民族的爱国主义精神和家国情怀。

在君国一体的封建社会中，关公作为忠君报国的完美典范，其对国君的忠心，就是对国家的忠诚。因此，关公忠义文化中的"忠义"价值取向受到历代统治者的肯定与尊崇。宋末德祐年间，关公被封为"忠壮义勇武安英烈王"。明万历十八年（1590）被加封为"协天护国忠义大帝"。清代皇帝大力尊崇关公，封号中尽显"忠义""护国"的家国大义。顺治九年（1652）敕封其为"忠义神武关大帝"，到了雍正八年（1730），尊封关帝庙为武庙，祭祀礼仪与文庙相同。

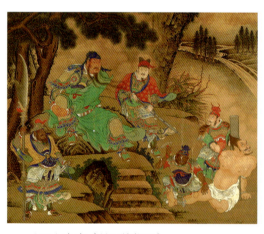

（明）商喜《关羽擒将图》

所以，关公忠义文化是中华民族对于忠诚爱国价值观的张扬与尊崇，饱含中华儿女对国家统一、民族自强的深切呼唤。而历朝历代对关公的加封崇奉既是中华民族精神中家国天下的具体表现，又不断丰富和发展着中

山西省运城市解州关帝庙

华民族精神。关公忠义文化中蕴含的家国理念，是中华民族赖以生存和发展的宝贵民族精神。

2.体现崇忠尚义的中华传统美德

感恩是中华民族的传统美德，知恩图报是中华优秀传统文化的核心主题。"恩义"观是关公忠义文化的鲜明特色，是传统道德文化的集中体现，彰显出的是仁义民族精神。"恩义"观的核心主旨是"仁"。传统儒学之"仁"，首先是要学会爱人。"爱人""立人""达人"就是学习如何知恩、施恩、感恩。儒学"恩义"观中代表上下级关系的"君臣有义"，即上下级之间恩义观的核心是"义"，就是要坚守正道、做事公正、合宜合法。

纵观关公一生，忠心耿耿，矢志不渝，忠于刘备，忠于汉室，于国于民，忠不顾死，义不负心，其恩义观书写了中华文化君臣之义的动人篇章。刘备待关羽亲如手足，有知遇之恩，《三国志》言："先主与二人（羽、飞）寝则同床，恩若兄弟，而稠人广坐，侍立终日，随先主周旋进

山西省运城市解州关帝庙匾额

退，不避艰险。"关羽即使身陷曹营，依然心系汉室，誓与兄长刘备同生共死。据《三国志》载，关羽拒绝曹操挽留，并说："吾极知曹公待我厚，然吾受刘将军厚恩，誓以共死，不可背之。"后经《三国演义》演绎，"千里走单骑""身在曹营心在汉"等经典故事在民间广为流传，使关公的恩义观产生了更大影响。关羽对刘备忠心耿耿，过五关斩六将，只身一人将刘备的两位夫人从曹营中救出，并带回到刘备身边，更使得关羽"恩义"形象愈加高大。关羽的"恩义"还体现在对有恩于自己的曹操，甘愿冒着杀头的危险放其一条生路，表现出知恩图报的情义。关羽这种讲忠义而又有情义的品格，既有底线也有格局，正是值得推崇的道德典范。

千百年来，关公经过民众百姓的口耳相传，历朝历代统治者的褒封，儒、释、道三教的共同尊奉，戏曲、文学、艺术的传神描述，体现了从敬

山西省运城市解州关帝庙"威震华夏"牌楼

仰关帝到延伸为对忠义思想的尊奉。关公有情有义、知恩报恩的恩义形象深入人心，其人格魅力彰显了中华传统道德文化精神，是对中华民族精神的忠实践行，而集"忠孝节义""忠义诚信""忠诚信义""忠义神勇"等中华传统美德于一身的完美的关公形象，则成为世人崇拜的对象、中华文化的象征。

3.赓续化成天下的中华人文精神

中华人文精神是中华民族古往今来各种文化现象中所蕴含的基本的文化精神，它形成于春秋战国"轴心时代"，绵延于各个历史时期，影响了中华民族人文文化的各个方面，是中华优秀传统文化中的一种元典性、主导性、共通性的文化精神。中华人文精神的三层内涵，或者说是由内而外、由体而用、由境界而工夫的三重要素，就是以"人"为本的人文倾向、以"止"为度的中和境界和以"化"为用的美育工夫。"人""止""化"构成了中华优秀传统文化特有的人文精神与风貌，其内在结构是一脉相承的。"人"是本体，"化"是工夫，而"止"则是这种本体和工夫的基本尺度，达到"止"的境界，天人就能合一，天下就能化成。中华人文精神是中华优秀传统文化的精神表达，是民族文化认同的核心和精神源泉，是凝聚人心的价值源泉、精神力量，是国家统一的重要精神支持。

忠义被商界奉行为商贾往来应遵循的重要原则，并期求在潜移默化中得到教化。商人推崇关公，是因为关帝乃是"同业者信用、合作之象征"。他轻利重义的高尚情操、追求诚信的经营理念备受赞许。所以，以"仁、义、礼、智、信"为准则的关羽，才会被民间神化乃至历朝历代帝王将他封王封帝，大加推崇且长盛不衰，而关公忠义文化也顺理成章成为赓续化成天下的中华人文精神。

（二）挖掘弘扬关公忠义文化是坚持"两个结合"的具体体现

马克思主义与中华优秀传统文化相结合，既为中国当代的文化自信提供了强大的思想动力，也为马克思主义中国化时代化奠定了坚实的文化根

（清）苏州版画《福字关公》

基。关公忠义文化源远流长、内涵丰富，彰显了中华民族独特的精神标识，是中华民族生生不息的丰厚精神滋养，是中华民族的突出优势。结合新的时代条件传承和弘扬好关公忠义文化，是实现中华优秀传统文化创造性转化和创新性发展的客观要求和具体体现。

1.关公忠义文化是坚定新时代文化自信的精神财富

文化是一个国家、一个民族的灵魂。文化自信是建设社会主义文化强国的重要前提和基础，是凝聚和引领一个国家、一个民族胜利前行的强大精神力量，本质上是马克思主义基本原理同中华优秀传统文化相结合形成的自信自强的精神力量，是人们对中国精神、中国智慧、中国文化、中国价值的充分肯定与高度认同。习近平总书记指出："中国有坚定的道路自信、理论自信、制度自信，其本质是建立在5000多年文明传承基础上的文化自信。"

关公忠义文化蕴含的思想观念、人文精神、道德规范，体现着中国精神和中国价值的思想内核，是中华民族文化自信的重要基石。关公忠义文化是中华优秀传统文化的结晶，在传承和发展过程中形成了中华民族共同的精神家园，为中华民族的文化自觉与文化自信提供了持续的思想动力。新时代新征程，大力挖掘和宣传关公忠义文化，对于传播中华优秀传统文化，坚定文化自信，具有十分重要的意义。

2.关公忠义文化是联结中华"大一统"观念的精神纽带

关公忠义文化与中华"大一统"思想都是中华优秀传统文化的重要内

容和中华民族宝贵的精神财富，二者之间具有紧密的内在联系。

一方面，中华"大一统"思想铸就了关公忠义文化的灵魂。中华"大一统"思想是关公忠义文化的灵魂，关公忠义文化则是中华"大一统"思想的一种表现形式和载体。中华"大一统"思想是中华民族文化的重要内容，是中国传统政治思想的核心。"大一统"思想作为一种传统文化，特别是儒家传统文化，对中国人的思想和行为有重要影响，也深刻地影响了关羽的一生，铸就了关公忠义文化的灵魂。纵观关公一生的活动轨迹，实现"大一统"是贯穿始终的一条主线。为实现匡扶汉室、一统天下这一历史使命和目标，关公矢志不移地奋斗一生，表现出"对国以忠、待人以义"的崇高精神和高尚情怀。可以说，关公的忠义是为实现"大一统"思想服务的，是围绕"大一统"思想而展开的。"大一统"思想是关公忠义文化的内在本质，忠义则是这一本质的外在表现。"大一统"思想是关公忠义文化的灵魂，忠义则是这一灵魂的载体。另一方面，关公忠义文化是实现中华"大一统"的强大动力，其蕴含的"大一统"思想，已内化为一种行为习惯和传统，成为中华民族精神的重要内容。关公忠义文化等优秀传统文化维系着全球华人的文化认同，在增强海峡两岸的文化认同、民族认同、国家认同过程中起着十分关键的作用。

3.关公忠义文化是凝聚中华民族智慧力量的重要精神源泉

关公不仅是武艺高强、叱咤风云的历史英雄人物，更是忠肝义胆、义薄云天的道德楷模与人格典范，其人格操守蕴含着中华传统文化一贯推崇的道德伦理、道德理想、道德修养、道德品质的精华。关公忠义文化植根于中华民族文化的肥沃土壤，有着厚重的道德文化历史底蕴，有着广泛的群众基础，其蕴含的中华传统美德凝聚成为中华民族精神和民族性格的重要组成部分，凝聚成为中华民族共同追求和崇尚的做人准则和价值观念，凝聚成为中华民族的智慧和力量。关公忠义文化，作为一种文化符号和精神图腾，承载了上自帝王、下至百姓的人格榜样、价值理念、道德准则和精神追求，已深深融入中华民族的血脉和灵魂，成为凝聚人心、汇聚中华民族智慧力量的精神支撑。

（三）关公忠义文化是建设中华民族现代文明的丰厚滋养

弘扬关公忠义文化，深入挖掘关公忠义文化的时代价值，将关公忠义文化作为中华优秀传统文化的价值共识、精神追求、历史经验，创造性地展现于新时代中国特色社会主义的伟大实践中，必将推动我们以坚定的文化自信，增强制度认同、价值认同、情感认同，构筑中国精神、中国价值和中国力量。

1.厚植文化基础，彰显精神价值

关公忠义文化历经一千八百多年的神化、圣化、美化的历史进程，凝聚了全中华民族的智慧结晶，形成了集民间信仰、英雄崇拜、道德教化、三教教义圆融为一体的独特价值体系。关公忠义文化蕴含着中华传统文化的道德精髓，寄寓着中华民族共同推崇的价值理念，是中华民族正气浩然的民族精魂。关公忠义文化作为一种历史性、民族性、道德性三位一体的文化资源，已经上升成为一种全球性的文化符号和精神符号，其精神内涵已经超越了地域、时空限制，成为全世界范围内共享的宝贵精神财富。

2.强固文化基因，激活人文精神

关公忠义文化，不仅仅是一种文化形式，而且已经上升为一种现代性、民族性的文化符号。其精神内涵已经积淀成为中华民族的一种文化基因，成为全体中华儿女共享的文化资源。关公忠义文化不仅是历史的，也是时代的。关公忠义文化不但集中呈现了中华优秀传统文化中根本的精神基因和伦理品质，而且与实现中华民族伟大复兴的时代精神同频共振。在贯彻落实党的二十大精神，推进文化自信自强、铸就社会主义文化新辉煌的实践中，着眼于用中华优秀传统文化塑造新的民族精神和时代精神，深入挖掘关公忠义文化的思想价值，强固关公忠义文化基因，萃取关公忠义文化精华，进一步激活关公忠义文化的人文精神，将为新时代坚定文化自信提供强有力的内在动力支撑。关公忠义文化将更加符合新时代的社会环境，更加符合人心向善的社会需求，必将绽放出新的光彩。

3.铸牢初心使命，涵养核心价值

社会主义核心价值观与中华优秀传统文化之间有着密切的联系，社会主义核心价值观在吸收中华优秀传统文化丰富营养的基础上逐步发展和完善，是中华优秀传统文化在当代社会的延续。挖掘传承关公忠义文化的精神价值，就在于守本开新，将关公忠义仁勇智的精神品格与传统人文精神核心价值融为一体，同社会主义核心价值观相融合，赋予关公忠义文化以新的时代价值和当代意义，激发其强大生命力，使之成为更基础、更广泛、更深厚的文化自信，让关公忠义文化在新时代绽放出更加璀璨的光芒。传承关公忠义文化，要从关公忠义文化的思想宝库中发掘关公的历史文化资源和当代精神价值，提炼思想精髓，汲取营养智慧，进一步坚定中华文化自信，为实现中华民族伟大复兴提供强大的精神动力和坚实的道德支撑。

二、关公忠义文化的内涵特征

关公忠义文化之所以能够传承千年而经久不衰，是因为它不断加持融汇，具有丰富的思想内涵。关公一向以"忠义仁勇智"著称，他忠于国家、践行正道、仁爱民众、勇敢无畏、坚守诚信，是中国古代少有的道德典范。只有深入地理解和把握关公忠义文化的内涵，才能更好地传承和发扬这一优秀传统文化。

（一）关公忠义文化的基本内涵

关公忠义文化集中体现了中华民族的优秀传统美德，其基本的内涵是"忠义仁勇智"。"忠义仁勇智"几乎涵盖了中国古代道德观念的所有方面，从国家认同、为政之道、职业操守到家庭关系、为人处世等都容纳于其中。一千多年来，海内外的华夏儿女之所以崇尚关公忠义文化，也主要是认同其所展现的道德理念、民族精神。

1.报国之"忠"

"忠"字的本义是忠诚无私、尽心竭力。《说文解字》中解释"忠"

说："忠，敬也，尽心曰忠。"《忠经》中说："忠者，中也，至公无私。"先秦时代，"忠"表示尽心效力之意，效力的对象很广泛，可以是君主，也可以是亲友。汉代以后，"忠"则更多地强调对皇帝、对国家的忠诚。民众的忠诚与团结，是国家稳定和发展的根基。历代的忠义之士，都是舍身忘我、赤诚报国的英雄。关公是忠臣义士中的佼佼者，他的"忠"，就是报国的忠诚。他与刘备、张飞在桃园结义时，立下了"上报国家，下安黎庶"的誓言，至死不渝地践行这一诺言。身居曹营之时，面对高官厚禄、黄金美女的疑惑，他没有丝毫动摇。败走麦城之际，面对吴国使臣的游说，他大义凛然、宁死不降。他的这种赤胆忠心，可昭日月，万世不朽。

2.待人之"义"

"义"本义是指公正合宜的行为或道理。《中庸》中说："义者，宜也。"韩愈说："行而宜之之谓义。"由于"义"只是一种以公正合宜为目的的抽象道德原则，没有限定具体的内容，所以给后人留下了进一步阐释的空间。后世出现了许多与"义"字相关的词汇，如节义、情义、义气、信义、正义等，都是从不同角度对义作出的阐释。关公忠义文化中的"义"，主要是指对人讲情义、重义气，能够仗义救助他人。古代的平民大多生活贫困，生存艰难，渴望得到他人的仗义相助。在宋元以后的戏曲、小说中，刘备、关羽和张飞被塑造为出身于市井的平民英雄。他们来自不同的地域，没有一点血缘关系，结义为兄弟，生死与共，情义胜过亲兄弟。刘备早年创业艰难，四处漂泊。关公始终不离不弃地追随刘备，帮助刘备化解危难，是重情重义的典范。关公不仅对刘备、张飞有情有义，对待他人也一视同仁。他甚至因为顾念旧日情义，在华容道上放走了刘备的敌手曹操。重情重义、乐于助人一直是中国社会的传统美德，这一理念在关公忠义文化中得到了很好的体现。

3.处世之"仁"

"仁"的基本内涵是亲善、友爱。《论语》中记载："樊迟问仁，子曰：'爱人。'"孟子也说："仁者爱人，有礼者敬人。""仁"就是发自内心对他人的关爱和友善。仁爱是儒家思想的基本精神，对中国社会影响深远。关公虽然是身处乱世的武将，但是他熟读《春秋》，对儒家的仁爱精神也有很深的领悟。关公出身平民，深知民众疾苦，所以始终以友善的态度对待民众。《三国志》记载"羽善待卒伍"，说明关羽非常体恤、关怀部下。关公为人光明磊落，为人处世恢宏大度，能够推己及人。如他在长沙与黄忠交手时，黄忠马失前蹄，摔倒在地。关公不但没有趁机加害，反倒让黄忠换马再战。这表现出来的正是关公对他人的体谅与理解。"仁"的核心就是推己及人、关爱他人，关公很好地践行了这一理念。

4.任事之"勇"

儒家有"三达德"，指"智、仁、勇"三种美德。《中庸》中说："智、仁、勇三者，天下之达德也。""达德"就是通行天下、万世不变的美德。"勇"被古人列入"三达德"之一，也足可以看出它的重要性。"勇"不仅指个人外在的勇力过人，更是强调人在精神、心理上生气勃发、无所畏惧。关公是三国时期少有的勇将，《三国志》中称赞他"万人之敌，为世虎臣"。《三国演义》描写他曾经在千军万马丛中斩杀颜良、文丑，如入无人之境。关公在精神上的勇毅刚强，更是令人叹为观止。他千里寻兄，一路历经千难万险，却从不退缩。刮骨疗毒，其痛苦非比寻常，他却能够谈笑自若。这种从内而外的勇猛坚毅，很好地诠释了"勇"这一美德的内涵。

5.为事之"智"

"智"，就是智慧、智谋。智慧之士，要能够深入地分析、判断事物，以卓越的能力，作出正确的决策。正如扬雄所说："智，烛也"，智慧就要像烛光照物一样，能够明察一切。关公不仅勇武绝伦，同时有很高的文化修养，精通兵法，智谋过人。如他镇守荆州时，鲁肃邀请他前往江东会面。他单刀赴会，在宴会上谈笑风生，大义凛然地拒绝了鲁肃索取荆州的要求，还能够全身而退。关公之所以能在北伐襄樊时"威震华夏"，

坐落于山西省运城市关公故里常平村南的关帝像，通高80米，是全世界最高的关帝像

也是因为他有着过人的谋略。关公进攻樊城时，曹操派于禁、庞德前来救援。他分析形势之后，巧妙地借助天气和地势，水淹曹军，擒获于禁、庞德。这些事例都充分说明关公不但勇猛超群，同时也精通韬略，能够很好地运用智谋。

（二）关公忠义文化的核心理念

关公忠义文化与儒家思想有着紧密的联系，"忠义仁勇智"等理念主要还是体现了儒家的思想观念。不过经过千余年的演变发展，关公忠义文化逐渐形成了以"忠义"为核心的一套思想理念。关公忠义文化中的"忠义"观念内涵丰富，有忠义、大义、仁义、义勇、信义等多重含义，涵盖了传统美德的多个方面，具有深刻的思想内涵。

1. "精忠报国"的忠义精神

关公忠义文化内容十分丰富，其精髓是忠义精神。"忠义"一词的含义是忠贞义烈。忠义精神的内涵就是忠诚于国家、民族，家国危难之时能够挺身而出、舍生取义。数千年来，忠义一直是中国社会非常崇尚的传统美德。二十四史中有多部史书都专门设有《忠义传》，记载为国捐躯的忠烈之士的事迹。尤其自宋代以后，历代的统治者都非常重视表彰忠义之士。《宋史》《元史》《明史》等正史中，《忠义传》的分量越来越重。如《宋史》中的《忠义传》有十卷之多，所记载的忠义之士多达数百人。

一千多年来，关公一直是中国人敬仰的忠义精神的典范。关公的忠义，首先表现在他有着心怀天下、拯救苍生的使命意识。关公所处的东汉末年，是一个激烈动荡的时代。这时外戚、宦官专权，他们卖官鬻爵，打击正直的官员和士人。民众生活艰难，在走投无路之际揭竿而起，黄巾起义由此爆发。黄巾起义后来虽然被镇压，但各地军阀随之纷纷崛起，相互混战，百姓死伤惨重。关公虽然出身平民，但却心系苍生。他与刘备、张飞结义时，立志要"同心协力、救困扶危，上报国家、下安黎庶"，这个誓言贯穿于他一生竭尽全力践行的事业之中。

关公的忠义，还表现在他能够忠诚专一、不畏艰险、至死不渝坚守理想。关公毕生追随刘备，为"匡扶汉室"而努力。汉王朝统治中国四百年之久，国力强盛，民众大多数时候都能够安定生活。关公所要恢复的汉室，正是天下太平、百姓安居乐业时的汉朝。关公早年不得已降服于曹操时，向曹操提出的第一条件就是他"降汉不降曹"。关公历经千难万险，脱离曹营、千里走单骑，不仅是因为他与刘备情深义重，更是因为他与曹操的政治理念不合。关公后来北伐襄樊、谋取中原，也是为了恢复汉室，他最终也为这一理想而舍身成仁。

关公本人毕生饱经动乱，其忠义精神的内核也表现为一种强烈的家国情怀、忧患意识。中国历史上，每当内忧外患、战乱频繁之际，关公的忠义精神都是激励国人的重要精神力量。如明朝中期，倭寇频繁侵扰我国东南沿海，江浙、福建一带的广大军民勇敢地抗击侵略者。在抗倭斗争中，关公崇拜中的忠义精神起到很大的团结民众、鼓舞民心的作用。民间传说中，关公多次显灵，帮助沿海军民取得胜利。有士人编撰了《关公忠义经》一部，在抗倭明军中广为流传，很好地激励了将士的士气。

2.“匡扶正义”的大义精神

大义也就是正道，正义之道。《三国志》记载，刘备对诸葛亮谈论自己的理想时说：“孤不度德量力，欲信大义于天下。”他想要在天下大乱之时，重构社会的正义之道。正义是人类所追求的一种崇高的价值，它的最终目标是要构建公正、合理的社会秩序，实现社会的稳定和谐。

在关羽、刘备所处的汉末乱世，各地军阀为争夺地盘而相互混战。这些军阀视民众如草芥，屠城事件屡见不鲜。《后汉书》记载，董卓部下在阳城残杀民众，抢夺财物，“悉就断其男子头，驾其车牛，载其妇女财物，以所断头系车辕轴，连轸而还洛，云攻贼大获”。曹操进攻徐州时，“凡杀男女数十万人，鸡犬无余，泗水为之不流”。正是在这样的时代中，刘备、关羽等蜀汉君臣，一直心系民众百姓，坚守儒家的仁政理想。刘备从未有过残害民众之举，深受民众爱戴。他在荆州逃难之时，十余万百姓扶老携幼相追随，行军极为缓慢。有人劝他舍弃民众，他说：“夫济大事必以人为本，今人归吾，吾何忍弃去！”关羽忠心追随刘备，也是在努力坚持正道理想。他征战一生，都是在为“匡扶汉室”，实现国家统一而努力。关公熟读《春秋》，非常认同儒家“大一统”的政治主张。后世学者也常常认为关公是“大一统”政治理念的践行者。如明胡汝励在《汉寿亭侯碑记》中说：“侯平生好《春秋左传》。盖《春秋》以尊王室，大一统，诛乱贼，敦典庸礼为义。”正因为关公道德高尚、一身正气，又能坚持正道，所以在后世民众的心目中成为正义的化身。

3.“民胞物与”的仁义精神

仁义是儒家最重要的道德理念之一。孟子非常推崇“仁义”，他说：“王何必曰利？亦有仁义而已矣。”他认为统治者不应当一味地贪图利益，更应该提倡仁义，关爱民众。仁义的内涵就是坚守正道，以真诚的仁爱关怀他人。正如宋代著名哲学家张载所说：“民吾同胞，物吾与也。”他认为应该以仁爱的态度对待万事万物，民众都是我的同胞，万物都是我的朋友。

在汉末乱世中，各路军阀都为了谋求私利而混战，以至于生灵涂炭、民不聊生。而关公所辅佐的刘备却以"仁义"而著称，是一个关怀民众、关爱部下的政治家。仁义的核心是要以真诚的情义关爱他人。刘备曾总结自己的政治经验说："今指与吾为水火者，曹操也。操以急，吾以宽；操以暴，吾以仁；操以谲，吾以忠。每与操反，事乃可成耳。"三国时期的学者傅幹也称赞刘备："宽仁有度，能得人死力。"刘备和关羽、张飞、赵云等人的关系，一直情同手足。

蜀汉君臣中，关公更是重情重义的典范。《三国演义》中曹操的谋士程昱评价关公："某素知云长傲上而不忍下，欺强而不凌弱；人有患难，必须救之，仁义播于天下。"关公与刘备、张飞三人没有任何血缘关系，情义却胜过兄弟。三人相约"不求同年同月同日生，只愿同年同月同日死"。关公毕生努力践行这一誓言，至死不渝。

关公不仅与刘备、张飞情义深厚，对待他人也颇有仁义风范。他十分体恤部下，从不打骂士卒。《三国演义》中，曹操擒获张辽后将要杀他时，关公向曹操求情："关某素知文远忠义之士，愿以性命保之。"华容道上，面对苦苦哀求的曹操及其部下，关公又动了恻隐之心，最终"长叹一声，并皆放之"。

中国古代的儒家学者认为真诚的情感是道德的根基，正如孟子所说："亲亲而仁民，仁民而爱物。"中国人所喜爱的英雄，也都是有情有义的人物。关公之所以得到后世民众的喜爱和崇敬，其中一个重要的原因就是他的仁爱精神。

4. "一往无前"的义勇精神

对于"勇"这一德行，中国古代的儒家学者有着独到的看法。首先，他们认为真正的大勇之士是能坚守正道、有浩然正气之人。《孟子》记载："昔者曾子谓子襄曰：'子好勇乎？吾尝闻大勇于夫子矣：自反而不缩，虽褐宽博，吾不惴焉；自反而缩，虽千万人，吾往矣。'"在这段话中，曾子向自己的学生转述了孔子对"大勇"的看法。孔子认为，当你反思自我，发现自己的行为不合乎正义，那么即使对方是卑贱之人，也不要去威胁他；假如你反躬自问，你的行为合乎正义，那么对方纵然是千军万马，也应当勇往直前。其次，他们认为真正的勇者，言行举止必须合乎礼法，不能鲁莽行事。孔子认为："勇而无礼则乱。"孔子的弟子子路勇力过人，但却行为粗鲁，孔子批评他："由也好勇过我，无所取材。"儒家对"勇"的看法，深刻地影响了中国人的思想观念。

关公一向以"勇"著称，但他的勇不仅仅是战场上的骁勇善战，更是一身正气、坚守正道的高度自律。关公在乱世中始终坚守正道，以恢复汉室、拯救苍生为己任。他品行高洁，在曹营中不贪图高官厚禄、黄金美色，始终正气凛然。虽然他勇力超群，但行为举止却彬彬有礼，从不加害无辜之人。

关公的勇，是精神上的高度自信，是孔子所说的"勇者无惧"。面对敌手，关公常常以一种傲然蔑视的态度对待。"白马之围"时，他将袁绍兵马比作"土鸡瓦犬"，他说猛将颜良"如插标卖首"。前往江东赴会时，骂鲁肃及其部下是"江东群鼠"。

关公的勇，还是一种为坚守正道而敢于舍身的精神。正如孔子所说，

山西省运城市解州关帝庙青龙偃月刀

是一种"见义"而敢为、能够舍生取义的勇毅。脱离曹营之时，虽然明知前路艰险难测，但他为了坚守心中之"义"，单人独骑走上千里长途。前往江东会见鲁肃之时，虽然明知龙潭虎穴、危机四伏，但他为实现恢复汉室的理想，毅然单刀赴会，不惧数万吴军。关公的"勇"，正是孔子所说的"虽千万人吾往矣"的英雄气概，是真正的践行正道的"义勇"。他的这种勇，不是一时的血气之勇，而是一种恒久的精神力量。关公的"义勇"人格之所以深受后人崇敬，也是因为这一原因。

5. "一诺千金"的信义精神

关公素以"信义"著称，《三国演义》中曹操的谋士程昱称赞关公："恩怨分明，信义素著。""信义"一词最早出现在《左传》中，与人们常说"信用""诚信"有相通之处，但也有一些区别。"信用""诚信"的基本含义是信守承诺、言行一致。"信义"则强调行事不仅要讲信用，还要合乎道义。先秦的儒家学者孔子、孟子认为行事必须首先合乎道义，不分是非的信用是不可取的。孟子也说："大人者，言不必信，行不必果，惟义所在。"在孟子看来，有德的君子不一定事事都守信用，重要的是要能坚守道义。"信义"一词，正是融合诚信和道义观念，强调行事既要讲诚信，还要合乎道义。

关公是一个真正的"一诺千金"的英雄人物。关公的信义，内涵就是为人要讲诚信、重道义，轻财重义。关公从始至终一直是一个襟怀坦荡、光明磊落的英雄人物。在《三国演义》中，他在与刘备、张飞结义时，立誓要同生共死。后来三人经历了不少离乱波折，但是关公一生都信守承诺，践行这一誓言。关公在处理他与曹操的关系时也表现出了重信义的风范。关公不得已投降曹操时，他先向劝降的张辽提出了三个条件："一者，吾与皇叔设誓，共扶汉室，吾今只降汉帝，不降曹公；二者，二嫂处请给皇叔俸禄养赡，一应上下人等，皆不许到门；三者，但知刘皇叔去向，不管千里万里，便当辞去。三者缺一，断然不肯降。"曹操答应条件之后，他才暂时委身曹营。他斩颜良、诛文丑，解白马之围以报答曹操之后，才光明正大地离开曹操。离开之前，还封金挂印，不取分毫财物。他这些做法清白坦荡，充分展现了他"信义素著"的风采。

明清时期，山西的晋商都非常崇敬关公，关公崇拜能够走向全国，与他们的大力倡导和推动是分不开的。晋商之所以崇拜关公，不仅因为关公与他们是同乡，而且也因为关公身上所展现的信义精神与商业活动中的诚信理念是相通的。商人们崇敬关公，事实上也就是崇尚信义精神。晋商一向以信义著称，梁启超曾称赞"晋商笃守信用"。至清代时，关公开始被当作财神来供奉。中国古代的财神不止一位，有比干、赵公明、范蠡等多人。关公成为财神也是比较晚的，但他却是所有财神中影响最大的一位。关公之所以被人尊奉为财神，也是因为他身上体现了商业活动中不可或缺的信义精神。

（三）关公忠义文化的重要特征

关公忠义文化根植于中华传统文化的沃土中，不断丰富着思想文化内涵，逐步形成了自己独有的特色。千余年来，经过各阶层民众的共同塑造，关公这一形象已经成为道德的楷模，是忠义精神的集大成者。关公形象的这些突出特点，自然而然也就成为关公忠义文化的重要特征，对中国民众产生了很大的影响。

1.道德行为准则的楷模

关公忠义文化与中国传统的儒家思想有密切的关系。宋元以后的戏曲、小说中，关公形象逐步儒家化，成为颇有儒雅风范的武将。关公忠义文化中"忠义仁勇智"等观念都来自儒家。儒家非常重视人的道德修养，认为每一个人都应当不断地修身养性、砥砺德行，达到至善的境界。正如《大学》中所说："大学之道，在明明德，在亲民，在止于至善。"儒家认为道德境界最高尚的人就是圣人，圣人如尧、舜、禹、汤、周公、孔子，他们在修身、齐家、治国、平天下等方面都有完美的表现，是我们应该学习的楷模。

自清代以来，关公被尊为"武圣"，与"文圣"孔子并列。关公之所以被尊为"武圣",并不仅仅是因为他的英勇善战。中国历史上有许多武将,如韩信、卫青、霍去病、李靖等,他们战绩都超过了关公。关公能在历代名将中脱颖而出,被尊为"武圣",主要还是因为他高尚的德行。对国家,他无比忠诚,为实现统一而不惜肝脑涂地。对民众,他仁爱慈善,为救济苍生而奋不顾身。对朋友,他义薄云天、仗义相助。他处世坚守信义,言必信,行必果,一诺重于千金。他深通谋略,处事机智果断。儒家观念中各种美德,都在关公身上得到了体现,所以他也就成为后人学习、效仿的楷模。如清代名臣张鹏翮,官至文华殿大学士。他非常崇拜关公,任河道总督时,在衙署中供奉关公像。他每天办事时态度都十分恭敬、严肃,属下有不当行为时,他常常告诫他们:"关夫子在上,监察无遗,岂敢徇隐?"后人敬仰关公,正是要学习关公身上所体现出的高尚德行。

2.理想人格的体现

孟子非常推崇"大丈夫人格",他说:"富贵不能淫,贫贱不能移,威武不能屈,此之谓大丈夫。"当一个人面对富贵、贫贱、威武等诱惑与考验时,依然能坚守自己的德行操守,这样的人才可以被称为大丈夫。孟子还认为,大丈夫要有"浩然之气"。孟子说,浩然之气,是天地间的一种至大至刚之气。人要遵循着"义"与"道",日积月累,才能修养出这种正大刚直的精神境界。

关公正是这样一位有着典型的浩然正气大丈夫人格的英雄。关公为人一身正气,处事光明磊落。他有着一种特立独行的刚毅个性,以拯救天下苍生为己任。面对种种诱惑和考验,他心如止水、毫不动心。关公早年追随刘备四处奔波,转战各地,生活并不宽裕。他身在曹营之时,曹操为了笼络他,对他异常恩宠,送他宅院、锦缎、黄金无数,三日一小宴、五日一大宴,又送美女十人。关公却将财物全部交给二位嫂嫂,美女也全部打发去侍奉二位嫂嫂。在斩杀颜良、文丑后,曹操特意奏报朝廷,加封关公为汉寿亭侯。即使曹操如此礼遇关公,他得知刘备消息之后,还是视富贵如浮云,毅然决然地封金挂印,离开了曹营,前去追寻故主。面对曹魏及

山西省运城市解州关帝故里

孙吴集团的种种威胁，他也能傲然视之。即使败走麦城之际，面对敌人的劝降，他也是大义凛然地拒绝。关公的这种正大光明的大丈夫人格，展现出了中国人特有的自强自立的民族精神，深受中国人民的仰慕与喜爱。

3.忠义精神的集成大者

数千年来，中国人一直有着强烈的家国意识、爱国情怀。历史上曾经涌现出了无数忠贞义烈的英雄。文天祥在《正气歌》中说："时穷节乃见，一一垂丹青。在齐太史简，在晋董狐笔。在秦张良椎，在汉苏武节。为严将军头，为嵇侍中血，为张睢阳齿，为颜常山舌。"他在诗歌中所列举的齐太史、董狐、张良、苏武、严颜、嵇绍、张巡、颜真卿等，都是中国古代著名的忠义之士。《新唐书》《宋史》《明史》等正史的《忠义传》中收录的忠义之士，总人数多达数千人。其中有不少还是民间普通百姓，他们在国家危难之际挺身而出、舍生取义。

在中国古代的无数忠义英雄中，民众最熟悉、最敬仰的还是关公。宋元以后，经由诸多封建文人、民间百姓的共同创造，关公形象也越来越丰满、生动。这一形象已经与历史上的三国武将关羽有了很大的不同。关公形象是中国古代无数忠义之士的缩影，集中体现了中国人对忠义观念的看法，是中国古代忠义精神的集大成者。关公抛开个人小我私利，为实现恢复汉室、统一天下的理想献身。他的忠义，是对家国的无限忠诚与热爱，也是以天下苍生为己任的责任意识。《三国演义》中的千里走单骑、单刀会等故事，完美地展现了关公的忠义精神。关公的这些故事后来又被改编为戏曲、曲艺，在社会上广泛传播。一千八百多年来，上至王公大臣，下到贩夫走卒，中国的各阶层民众对关公的事迹都是喜闻乐见、耳熟能详。正如明朝文人韩文所说：“虽庸人孺子，皆知慕王之忠义。”关公的名字与“忠义”二字紧密地联系在了一起，关公也成为忠义的化身。

三、关公忠义文化的历史脉络

从三国至今的一千八百多年间，关羽从英勇善战的名将逐步超凡入圣，成为深受各地各阶层民众敬仰的武圣、关帝。关公之所以能有如此崇高的地位，关公忠义文化之所以有如此巨大的影响力，是历代帝王、文人士大夫、佛道两教、平民百姓等各阶层共同推动的结果。关公忠义文化的发展演变，大致经历了三国、晋至隋唐、宋元、明清及现当代五个阶段，逐步发展、成熟，成为中华优秀传统文化的重要组成部分。

（一）三国孕育期：名将关羽，蜀汉封侯

历史上的关羽本来是东汉末年、三国初期的著名将领。关羽早年生长于家乡河东地区。河东深厚的历史文化底蕴对他产生了很大的影响。后来，他又追随刘备，逐步成长为威震华夏的一代名将。三国时期是关公忠义文化的孕育期，关羽的史实事迹为关公忠义文化的形成奠定了基础。

关公故里在今天的山西省运城市。据陈寿《三国志》记载，关羽是“河东解人”。“解”指的是东汉时期的解县，也就是今天的运城市盐湖区解州镇。关羽出生在解州镇的常平村。相传解州关氏一族的祖先是夏朝大夫关龙逄。关龙逄是夏朝末代暴君桀的大臣，夏桀荒淫无道，关龙逄直

言进谏，却被夏桀杀害。关羽的祖父名关审，父亲名关毅。关氏家族以耕读传家，以《春秋》训育子孙。《三国志》裴松之注记载："羽好《左氏传》，讽诵略皆上口。"文中的《左氏传》，就是《春秋左氏传》。可见《春秋》一书对关羽影响之大。

《三国志》中记载关羽早年"亡命奔涿郡"，却没有说明具体的缘由。运城当地民间传说，关公年轻时前往解县县城游历，夜晚住在旅店中，半夜时听到隔壁有人痛哭。他敲门询问，得知这家主人名叫韩守义，他的女儿被县城中的恶霸吕熊强占，无奈之下只能放声痛哭。关公听后怒气冲天，让韩守义带路，把吕熊和他的党羽都杀死。官府追查，关氏族人纷纷逃亡。关羽父母年迈不便出逃，被逼之下，双双投井自杀。关公得知后，悲痛万分，回家中推墙掩埋水井，然后出逃他乡。

山西省运城市解州关帝家庙塔墓

关羽逃亡至河北涿州后，成为刘备的部下。刘备早年势力弱小，辗转各地，先后依附公孙瓒、陶谦、曹操、袁绍、刘表等人。关羽始终忠心耿耿地追随刘备，与刘备情同手足。建安五年（200），刘备在徐州战败，关羽被曹操擒获。曹操拜关羽为偏将军，给他很高的礼遇。关羽为曹操斩杀袁绍部下颜良，助曹操解白马之围。曹操因此上奏汉献帝，封关羽为"汉寿亭侯"。关羽得知刘备在河北，他封金挂印，辞别曹营，历经险阻，前去寻找刘备。后来，关羽又随刘备前往荆州投靠刘表。

赤壁之战中，关羽曾在江陵一带与曹军交战。战后，关羽被刘备任命为荡寇将军、襄阳太守。建安十六年（211），刘备率军入益州，诸葛亮、关羽据守荆州。建安十九年（214），诸葛亮、张飞、赵云等率军入川，关羽独自镇守荆州。建安二十年（215），关羽与鲁肃会面，拒绝了东吴索要荆州土地的要求。建安二十四年（219），刘备进位汉中王，拜关羽为前将军，假节钺。同年八月，关羽率军进攻襄阳，水淹于禁七军，俘杀庞德，"威震华夏"。十月，东吴吕蒙偷袭荆州，关羽被魏、吴两军夹击。十二月，关羽败走麦城，被吴军所俘。年末，关羽与其子关平遇害。蜀汉景耀三年（260），后主刘禅追谥关羽为"壮缪侯"。

历史上的名将关羽，之所以能够受到后人仰慕，并被塑造为忠义英雄，也是因为他英勇善战、品行高洁。关羽一直以骁勇著称，在与袁绍大军对战时，冲入敌阵，斩杀袁绍大将颜良。他镇守荆州多年，有水淹七军、威震华夏的骄人战绩。虽然最终战败被杀，但也不愧为一代名将。他为人光明磊落，坚守节义，不贪图富贵，忠诚于故主，是一位一身正气的英雄。不过，真实的关羽也并不像后世的关公形象那么完美。据陈寿《三国志》记载，关羽性格上也有一些缺点。东吴的吕蒙评价关羽说："性颇自负，好陵人。"陈寿也说："羽刚而自矜。"他们都认为关羽为人比较傲慢、自负。关羽的战败，与他的性格缺陷有一定关系。

（二）晋至隋唐萌芽期：民间神祇，初步神化

魏晋南北朝时期，关羽主要还是被当作骁勇善战的将领来赞颂。如《魏书·杨大眼传》记载："当世推其骁果，皆以为关、张弗之过也。"又如《陈书·萧摩诃传》说："君有关、张之名，可斩颜良矣。"可见南北朝时关羽、张飞一直被认为是勇将中的佼佼者。

到南北朝时期，在荆州地区开始流传一些关于关公的神话传说。关羽镇守荆州多年，又战死在这里，所以关公也在此地开始被初步神化。公元548年，梁朝将领侯景在安徽寿阳发动叛乱，很快就占领了梁朝都城建康（今

江苏南京）。公元551年，侯景又率军进攻荆州。后来民间传说，梁将胡僧祐、陆法和与侯景部下任约交战时，关公曾经显灵帮助梁军击败任约。

至隋代时，湖北当阳一带也开始流传关公显圣帮助高僧智顗创建玉泉寺的传说。关公当年在荆州临沮战死，葬于当阳，民间盛传他的英魂一直在这一带游荡。隋代开皇年间，著名天台宗高僧智顗前往当阳县玉泉山弘法。智顗夜间在乔木之下静坐时，关公英魂突然现身，对他说："愿舍此地为僧坊，请师出山，以观其用。"后来玉泉寺很快就兴建而成。至唐高宗时，相传高僧神秀又来到玉泉山创建道场，也得到了关公神灵的帮助。自此以后，关公就成为佛教寺庙的守护神，被尊为"伽蓝菩萨"。

不过，唐代所流传的关公传说中，关公形象也并非完全正面。晚唐时期的学者范摅的《云溪友议》一书中记载，在荆州的神庙玉泉祠附近，一直活动着名为"关三郎"的凶神。关三郎守护着玉泉祠，祠中财物没有人敢盗取。如果有人偷吃祠中酒食，脸上很快会出现明显的大掌印。对祠中神灵不恭敬的人，会被毒蛇、猛兽追赶。有不少学者认为，这里提到的"关三郎"就是关羽。

从隋唐时期的这些传说来看，关公已经被初步神化了，但其形象还比较复杂，一些佛教僧人开始尊奉关公为寺庙守护神，民间的一些百姓却还将他视作与鬼很有联系的凶神。同时，这一时期关公的影响力还十分有限，主要局限在荆州一带。

（三）宋元发展期：官方封王，朝野推崇

宋元时期是关公忠义文化形成的一个重要转变期。这一时期，关公忠义文化逐渐在全国各地流行开来。宋元帝王都注意到了忠义精神在凝聚民心方面有重要作用，所以开始大力加封关公。宋元的文人士大夫对关公的忠义精神也是推崇备至。这一时期，戏曲、小说中塑造的关公形象极为成功，影响深远。

1.宋元帝王对关公的加封

北宋真宗大中祥符七年（1014），朝廷下旨在关公故里解州建造关

庙。至宋哲宗元祐年间又重修关庙。重修完毕后，解州县尉郑咸撰写了《元祐重修庙记》。这篇文章是现存最早的关庙碑文，郑咸在文中称赞关公："侯之忠义凛然，虽富贵在前，死亡居后，不可夺也。"关公也是从这时开始被认为是忠义的典范。

至北宋徽宗崇宁年间，河东解州盐池发生水灾，盐产量大减。相传上古时代，黄帝与蚩尤在关公的家乡解州盐池附近大战。蚩尤战败后尸体被肢解，他的血流入盐池，变成了池中的卤水。蚩尤阴魂在盐池作怪，才导致盐产量大减。信奉道教的宋徽宗召张天师商议，张天师向皇帝举荐了关羽，设坛祭请，关公斩杀蚩尤，使得盐池平复。大功告成后，关公前往京师拜见皇帝，宋徽宗赐了一枚崇宁铜钱给他，封他为崇宁真君。此后，宋徽宗多次加封关羽，先封他为"忠惠公""崇宁真君"，后又加封为"昭烈武安王""义勇武安王"。自蜀汉后主刘禅封关羽为"壮缪侯"。九百多年后，关羽被加封为王。

靖康之变后，宋高宗赵构逃至南方，建立了南宋政权，南宋与北方金朝之间的对抗与冲突连绵不断。为了凝聚民心抗击金人，民间出现了一些关公显灵助力抗金的传说。著名爱国英雄岳飞就很崇拜关羽，他说："要使后世书策中知有岳飞之名，与关、张辈功烈相仿佛耳。"南宋的统治者也开始大力表彰关羽的忠诚、节义，借以团结军民、巩固政权。建炎二年（1128），宋高宗加封关羽为"壮缪义勇武安王"。淳熙十四年（1187），宋孝宗又加封关羽为"壮缪义勇武安英济王"。正是从这一时期开始，关公形象与"忠义"一词联系在了一起。

至元代，统治者也大力褒扬、加封关公。至元七年（1270），元世宗忽必烈准国师八思巴的提议，以五百军士抬着关羽神轿，巡游皇城内外。元文宗天历元年（1328），又加封关羽为"显灵义勇武安英济王"。

2.宋元文人士大夫对关公的赞誉

南宋时期，不少文人士大夫开始提倡"蜀汉正统论"，宣扬关公的忠义精神。"正统论"是中国古代史学界的一个极为重要的问题，它主要探讨历代王朝的统治合法性，同时也为当朝政权的合法性确定历史依据。在古代史学的"正统"探讨中，三国时期的曹魏、蜀汉、孙吴三个政权哪个是天下正统，历来争议不断。北宋之前，曹魏政权因为占据中原、实力最强，一直被史学界认为是正统。但宋室南渡以后，中原沦陷，朝廷偏安一隅，国力也大不如前，所以"蜀汉正统论"成为学界主流。这一看法影响深远，一直延续到了明清时期。

在南宋以后的很多学者看来，既然蜀汉成为继承大汉的正统政权，那么刘备、关公、诸葛亮等人也就成了匡扶汉室的忠臣义士，所以学者们也开始大力宣传关公的忠义精神。如元代大儒郝经称赞关羽："始终守一义，尽心复汉，无心代汉。"赵孟頫也赞美关公："忠义之士，虽千载遗烈，犹不泯也，岂不伟哉！"元代学者胡琦搜集相关资料，编撰了一部《关王事迹》，详尽地记载了关羽的生平，高度赞美了关公的忠义情怀。

3.宋元戏曲、小说中的关公形象

宋元以来，戏曲、小说等通俗文学开始流行。这些文学作品中所塑造的关公形象极为成功，深受广大人民的喜爱。以关公为主要人物的戏曲作品，被称为"关戏"。据相关记载，元杂剧中关戏约有20种，现在保存下来的有11种。如关汉卿的《单刀会》和《西蜀梦》、郑德辉的《虎牢关三战吕布》等，都是广泛流传的名作。在民间艺人们创作的讲史话本《三国志平话》中，关公故事的一些重要情节如"桃园三结义""千里独行""古城聚义""单刀会"等都已经开始出现。

出现于元末明初的小说《三国演义》中塑造的关公形象更是栩栩如生、震撼人心。清代学者毛宗岗称赞小说中的关公是"古今来名将中第一奇人"。这部小说中所写的关公事迹，如桃园三结义、温酒斩华雄、千里走单骑、古城相会、华容道、水淹七军、刮骨疗毒等，都精彩绝伦、影响深远。书中所描写的关公不但英勇善战、忠心耿耿，还有情有义。小说中还用了大量笔墨来写关公对汉王朝的忠诚，展现他的忠义风采。如小说中写关羽为曹操斩杀颜良后，曹操"表奏朝廷，封云长为寿亭侯，铸印送与关公，印文曰'寿亭侯'"，张辽前去送印，关公却推辞不受。后来曹操命工匠销去文字，重铸了"汉寿亭侯之印"，关公才拜受大印。小说中关公形象塑造得极为成功，使得关公这一人物得到广大民众的敬仰与喜爱。随着这部小说的广泛流传，关公形象及其事迹在中国达到了家喻户晓、妇孺皆知的程度，关公忠义文化也随之广泛传播开来。

（四）明清鼎盛期：进封帝圣，至尊至大

明清时期，关公忠义文化发展到了顶峰，在全国各地、各民族中都产生了极大影响，在明清两朝历代帝王及全国各阶层民众共同推动下，形成了关公忠义文化广泛传播的繁荣局面。

1.明清统治阶层对关公的封谥与表彰

明清的统治阶层都认识到以忠君爱国为内涵的忠义精神，对维护统治大有帮助。为了表彰关公的忠义精神，明清的帝王多次对他加封。

明朝建立后，历代帝王多次下旨修建关庙，举行隆重的祭祀活动。洪武二十七年（1394），明太祖朱元璋下令在南京鸡鸣山修建关庙，又遣南京太常官祭。永乐年间迁都北京后，明成祖立即在京师修建关庙，立为国家祀典。成化十三年（1477），明宪宗下旨在北京宛平县东建造关庙。成化十七年（1481），他又亲自为京师关庙颁赐祭文。明嘉靖年间，倭寇侵扰东南沿海，民间传说关公多次显灵帮助军民抗倭。嘉靖三十四年（1555），赵文华在常州一带取得抗倭胜利后，文学家唐顺之写了一篇《常州新建关帝庙记》。值得注意的是，在这篇碑文中关公已经被尊称为"帝"。万历十八年（1590），民间传说潘季驯等人在治理运河、修筑江苏淮阴的高家堰大堤时，关公多次显灵庇护，因此明神宗封关公为"协天护国忠义大帝"。至万历四十二年（1614），明神宗又加封关公为"三界伏魔大帝神威远镇天尊关圣帝君"。自此以后，关羽常被人尊崇为"关帝""关圣帝君"。明神宗认为关公的忠义精神对维护统治有很大的助益，他在《加封帝号建醮文》中说："恭惟关圣帝君，生前忠义，振万古之纲常；身后威灵，保历朝之泰运。"

山西省运城市解州关帝庙气肃千秋坊

　　清代统治者对关公忠义文化的重视更是远超明代。清朝入关前，满族各阶层就非常崇拜关公，他们尊称关公为"关玛法"。玛法在满语中意为"老爷"，关玛法就是关老爷之意。清朝入关后，历代统治者也多次加封关羽。顺治九年（1652），敕封关公为"忠义神武关圣大帝"。雍正年间，皇帝还特意下旨追封关公曾祖、祖父、父亲三代为公爵。清朝的顺治、雍正、乾隆、嘉庆、道光、咸丰、同治、光绪八位皇帝，对关羽层层加封，最后封号长达26个字："忠义神武灵佑仁勇威显护国保民精诚绥靖翊赞宣德关圣大帝"。封号的开头两个字正是"忠义"，也可以看出清代统治者对关公忠义文化的重视。乾隆皇帝甚至认为蜀汉后主刘禅为关羽所定的谥号"壮缪"不妥，在乾隆四十四年（1779）特意下旨将关公谥号改为"忠义"。清朝时，蒙古、新疆等各地的少数民族同胞也都开始崇尚关公。隆重加封关公是清朝统治者维护民族团结的重要手段。

　　也正是在清朝时，关羽开始被尊为"武圣"。万历年间，关公已经被封为"关圣帝君"。顺治年间，他又被加封为"神武关圣大帝"。至雍正八年（1730）时，皇帝特意下旨"尊帝庙为武庙"。孔子被人尊称为"文圣"，祭祀他的庙宇被称为文庙。祭祀关公的庙宇被尊为武庙，事实上也就是官方认定了他的"武圣"地位。自此以后，关公成了和"文圣"孔子并列的"武圣"。明清时期全国各地都兴建了关庙，其数量之多甚至超过了文庙。各地关帝庙中，解州关庙、当阳显烈祠、荆州关庙、东山关庙等，都非常著名。如解州关帝庙，是始建最早、规模最大、建制最高且保存最完整的关帝庙，被称为天下武庙之冠。清代官方对关羽祭祀的重视达到了顶峰，每年定期的祭祀享受与孔夫子同样三跪九叩的礼遇。

2.明清各阶层民众对关公的敬仰

明清时期，关公在中国社会各阶层中都产生了极为广泛的影响。文人士大夫们对关公推崇备至，高度赞扬他的忠义精神。明代著名儒家学者方孝孺称赞关公："左右昭烈，誓复汉室，此其忠义之气，固足以服天下。"明代后期，关公开始被士人们尊称为"关夫子"。"夫子"一词本来是孔子弟子对老师的称呼，后来变成了士人们对孔子的尊称。"关夫子"开始与"孔夫子"并称，可见关公在不少士人心目中可以与孔子并列。

文人们创作了大量的碑记、诗歌、对联等，来颂扬关公。如解州关帝庙春秋楼楹联："力扶汉鼎，道阐麟经，秉忠义伐魏拒吴，统南北东西，四海咸钦帝君仙佛；气禀乾坤，心同日月，显威灵伏魔荡寇，合古今中外，万民共仰文武圣神。"学者们编撰了大批记载关公事迹、宣扬关公忠义文化的著作，如张宁的《义勇录》、任福的《义勇集》、焦竑的《关公祠志》、张鹏翮的《关夫子志》、张镇的《关帝志》、卢湛的《关帝圣迹图志》等。大量的关公题材的戏曲、曲艺作品被创作出来，在舞台表演，在街头传唱。

这一时期，佛、道两教也对关公极为推崇。佛教尊关羽为"护国明王佛""盖天古佛"，地位如佛、菩萨一样崇高。在藏传佛教中，关公也被尊为护法神，认为他是佛教密宗护法神之化身，地位极高。在明清道教经卷中，关公被提升为伏魔大帝、关圣帝君、贞元显应光昭翊汉灵佑天尊。

《护国佑民伏魔宝卷》讲述关公由人成神的过程

"天尊"是道教最高尊神，关公地位之高可想而知。

民间也出现了不少以关帝为名、融合儒释道三家思想的经书，如《三界伏魔关圣帝君忠孝忠义真经》《关帝明圣经》《关圣帝君觉世真经》《护国佑民伏魔宝卷》等。这些经书都是借助关公事迹，向民众宣扬忠孝节义、隐恶扬善、戒杀放生等道德理念的劝善书。

明清时期，广大的平民百姓也都十分崇拜关公。许多行业的普通民众，如军人、屠宰者、厨师、盐商、理发师等等，都尊奉关公为行业保护神。清代以来，在商人们的宣扬下，关公也开始被广大民众尊奉为财神。民众还创作了大量关公抵御外患、惩治恶人、护佑忠良、救民于水火的故事。

正是在历朝统治者、佛道两教、文人士大夫及民间艺人、平民百姓等各种力量的共同推动之下，关公逐步成为全国各个阶层、各个地区、各民族都普遍信奉的神灵。

（五）现当代时期：广泛传播，发掘弘扬

关公忠义文化流传至今，已经有一千八百多年的历史。在现当代社会中，这一传统文化得到了较好的传承，依然焕发着新的生命力。

关公忠义文化的传播，在现当代有许多新的特点。首先，关公忠义文化传播的地域比过去更为广泛。现在，关公忠义文化不仅在中国流行，同时还跨出国门，传播到了世界各地。广大华夏儿女，在海外求学、经商、定居的过程中，也把关公忠义文化带到了全球。目前，欧美、日本、韩国、东南亚、澳大利亚等很多国家和地区，都建有关帝庙。像日本的横滨

关庙、韩国的首尔关庙、马来西亚的槟城关庙等，都规模宏大，每年都举行隆重的庆典活动。

其次，关公庙会、关公文化节、旅游节成为传播关公忠义文化的重要形式。明清以来，每当关公诞辰或者重要节日时，各地的民众都会在关庙举办各种类型的庙会。自20世纪90年代以来，传统的庙会经过扩展、提升之后，变成了关公文化节、旅游节。目前在山西运城、福建东山、湖北当阳、河南洛阳等地，每年都举行关公文化节、旅游节。它包含祭祀、文体、学术、旅游、商贸等多方面内容，海峡两岸及海外华人参与其中，有很大的社会影响力。

最后，关公忠义文化也开始通过一些新的媒介形式进行传播，取得了较好的效果。古代的民众，大都通过戏曲、小说、曲艺等方式了解关公忠义文化。在现代社会中，人们通过影视、动漫、游戏等新的手段来创新关公形象。如1994年中央电视台制作了电视剧《三国演义》，其中陆树铭饰演的关公形象影响深远，深入人心。自20世纪八九十年代以来，各种三国题材的电脑、手机游戏风靡一时。许多青少年正是通过电子游戏了解三国历史人物，了解关公的形象和事迹。通过各种艺术形式的加工、创造和多种媒体的传播，关公已经变成了中国人乃至不少外国人熟悉的文化符号。

学术界的很多学者都注意到了关公忠义文化，对这一文化现象作了深入的研究。关公忠义文化自20世纪二三十年代起就受到了学者们的关注。20世纪80年代以来，相关研究逐步繁荣起来。近四十多年来出现了大量的关公忠义文化研究论著，发表的学术论文有两千多篇，出版的学术专著有数十部。这些论著从历史、文学、民俗、宗教、艺术、建筑等多角度来研究关公忠义文化。

四、关公忠义文化的时代价值与实践路径

关公忠义文化作为中华优秀传统文化的重要组成部分，既体现了中华传统文化的核心思想，也是中华儿女普遍认同的道德伦理准则。关公忠义

文化不仅历经千年而长盛不衰，而且直至现代仍然具有强劲的生命力，深层次影响着中国人的行为方式和价值判断，与其他中华优秀传统文化共同成为中华民族的文化基因、精神命脉和价值取向。挖掘关公忠义文化所蕴含的时代价值，探索实现关公忠义时代价值的发展路径，在建设中华民族现代文明进程中具有重要的现实意义。

（一）关公忠义文化的时代价值

关公忠义文化作为中华优秀传统文化，集中体现了中华文明突出的连续性、突出的创新性、突出的统一性、突出的包容性、突出的和平性，通过创造性转化和创新性发展，在政治上有助于促进治理体系和治理能力现代化，推进实现中国式现代化；在文化上有助于强化中华民族文化认同，坚定文化自信；在社会建设上有助于全面提升公民道德建设水平，树立良好社会风尚；在经济上有助于强化竞争力和驱动力，支撑经济高质量发展，在对外交往上有助于彰显中国的软实力和价值观，促进构建人类命运共同体。

1.关公忠义文化的政治价值

关公忠义文化的政治价值主要体现在为实现国家治理体系和治理能力现代化提供政治滋养、政治价值、政治借鉴。习近平总书记指出："我们的社会主义为什么不一样？为什么能够生机勃勃、充满活力？关键就在于中国特色。中国特色的关键就在于'两个结合'。"关公忠义文化蕴含着丰富而深刻的治理之源、治理之道、治理之力，在推进国家治理体系和治理能力现代化进程中，具有独特的文化优势。

关公忠义文化为国家治理体系和治理能力现代化提供了治理条件和政治智慧。关公忠义文化超越狭隘的血缘家族关系，可以为调节社会关系提供规范。其"忠"能"固君臣，安社稷，感天地，动鬼神"，其"义"合"道之宜""事之宜""理之宜"，其"行"可保境、护国、安民，契合了中华民族治国理政的政治理念和政治文化。

关公忠义文化还为国家治理体系和治理能力现代化提供治理资源和

政治滋养。关公忠义文化蕴含的精忠报国的忠义精神、匡扶正义的大义精神、千秋大义的仁义精神、一往无前的义勇精神、一诺千金的信义精神等核心价值，成为中华民族道德行为准则的楷模、理想人格的集中体现、忠义精神的集大成者，有助于夯实中国特色社会主义制度优势的基础，强化国家和社会长治久安、稳定发展的保障。

关公忠义文化也为国家治理体系和治理能力现代化提供有益借鉴和启示。关公忠义文化中的护国庇民、扶危济困、惩恶扬善之"仁"与中国传统政治思想中的"民惟邦本"和"政得其民"一脉相承，与"以人民为中心"思想高度契合。关公忠义文化中夙夜在公、行公去私、公而忘私之"义"，展现了传统政治文化中为国为民的家国情怀，体现出了天下为公的博大胸襟。关公忠义文化中忠肝义胆、勇武无畏、刚健自强之"勇"，就是勇于担当精神的鲜明写照，也是任重道远的责任使命。挖掘、继承和弘扬关公忠义文化所蕴含的政治价值，科学对待中华民族传统政治文化，能为实现治理体系和治理能力现代化提供更多有益借鉴。

2.关公忠义文化的文化价值

关公忠义文化的文化价值集中体现在强化中华民族文化认同，凝聚中华民族共同体意识上。中华民族的民族认同体现在三个方面。一是经过数千年的民族交往交流交融，形成了共同的民族渊源和民族实体——中华民族，构成了中华民族共同的民族认同；二是各民族在生产、生活中互相交流融合，共同创造了璀璨夺目的民族文化——中华文化，构成了中华民族共同的文化认同；三是各民族生于斯、长于斯、奋斗于斯，共同拥有一个国家——中国，构成了中华民族共同的国家认同。在民族认同、文化认同、国家认同中，文化认同是最深层次的认同，是民族团结之根、民族和睦之魂。中华文化成为中华民族的精神纽带，而关公忠义文化就是这条纽带中紧实的一环。

关公忠义文化不仅在黄河领域具有重要的影响，而且得到了中华民族普遍认同，是中华民族文化认同的典范。关公忠义文化经过三国孕育期的蜀汉封侯、晋隋唐萌芽期的民间神化、宋元发展期的封王推崇、明清鼎盛期的进封帝圣。明清时期曾有"县县有文庙、乡乡有武庙"之盛。在近现代也依然热度不减，得到了广泛传播弘扬，现在全球共有168个国家供奉关公。关公信俗成为海峡两岸、全球华人都十分推崇的民间信仰之一，关公忠义文化也成为不同阶层、不同身份的中国人一致认同的行为准则。于右任先生曾经为解州关帝庙题写对联"忠义二字，团结了中华儿女；春秋一书，代表着民族精神"，就是关公忠义文化的认同体现。

关公忠义文化能够促进两岸关系和平发展，在祖国统一大业中起着独特的作用和价值。台湾民间关公庙宇林立，信徒遍及各个阶层，研究人士众多。台湾各界每年来大陆参观访问，参拜关帝庙、祭祀关公成为台湾很多人必选与首选项目。关公忠义文化对台湾社会和台湾民众具有深刻而广泛的影响，成为两岸同胞心灵的根脉和归属。挖掘关公忠义文化时代价值，广泛传播关公忠义文化，不断提升关公忠义文化的影响力、知名度和美誉度，将进一步坚定新时代文化自信，增强中华民族共同体意识，密切两岸同胞心灵契合，为促进海峡两岸融合发展奠定文化基础。

关公忠义文化中由关羽匡扶汉室、一统天下志向而生发的"志存一统"的思想，蕴含着国家统一的积极因素，也是中华民族团结统一的文化资源。关公忠义文化包含着丰富的"大一统"思想，顺应两岸关系发展的历史趋势和现实要求。由关羽匡扶汉室、一统天下志向而强化的"志存一统"的思想，将强化海峡两岸的民族认同、历史认同、文化认同。可以说，关公的人格魅力和关公忠义文化的伦理价值，不仅体现了中华文化的核心价值与中华民族的传统美德，而且也成为现代公民素养内涵及职业伦理所应奉行的准则。关公忠义文化的忠义仁勇智价值在海峡两岸，特别是台湾地区成为个人立身处世的准则和典范，关公已经成为正义的化身，各阶层、各行业民众都能从关公忠义文化中找到自己的崇拜理由。许多台湾企业家崇拜关公，标榜重诺守信精神。很多民众供奉关公，寄希望于关公能驱魔降妖。尤其是关公被奉为"武财神"，在台湾特别受到商人群体的供奉。关公忠义文化在海峡两岸具有同根、同种、同源的历史文化渊源，形成了难以分隔的亲缘、血缘、神缘共融关系，能够为国家统一提供文化资源和文化动力。

3.关公忠义文化的经济价值

关公忠义文化将有助于引导、支撑我国经济高质量发展，为提高经济发展质量注入深厚底蕴。当前，我国经济已由高速增长阶段转入高质量发展阶段。要实现高质量发展，需要有强大的文化赋能，这样才能为高质量发展提供价值引领和内在动力。关公忠义文化在中华民族形成、发展过程中起到了重要作用，在我国高质量发展进程中也具有强大的推动力。

关公忠义文化的经济价值主要体现在关公忠义文化对高质量发展提供文化环境、价值理念，同时创新发展具有鲜明民族特色、独特文化价值的文化产业。在关公故乡山西解州关帝庙有一副楹联"儒称圣，释称佛，道称天尊，三教尽皈依，式瞻庙貌长新，无人不肃然起敬；汉封侯，宋封王，明封大帝，历朝加尊号，矧是神功卓著，真所谓荡乎难名"，就概括说明了关公忠义文化的魅力和实力。

山西是关公忠义文化的发源地，也是关公忠义文化的核心区。关羽作为"武圣"，与"文圣"孔子成为中华传统文化的双璧，为高质量发展提供了弥足珍贵的文化宝藏。习近平总书记指出，要"深入挖掘黄河文化蕴含的时代价值，讲好'黄河故事'，延续历史文脉，坚定文化自信，为实现中华民族伟大复兴的中国梦凝聚精神力量"。关公忠义文化作为"黄河故事"中精彩的一章，为高质量发展厚植文化基础，提升精神动能，强固文化基因，激活时代精神，注入强劲的文化能量。

4.关公忠义文化的社会价值

关公忠义文化的社会价值，突出体现在涵养社会主义核心价值观，为社会主义核心价值观提供了价值资源，为营造良好的社会风尚提供了精神滋养。党的十八大以来，党中央提出要倡导富强、民主、文明、和谐，倡导自由、平等、公正、法治，倡导爱国、敬业、诚信、友善，积极培育和践行社会主义核心价值观。社会主义核心价值观从国家层面确立了富强、民主、文明、和谐的价值目标，从社会层面明确了自由、平等、公正、法治的价值取向，从个人层面确定了爱国、敬业、诚信、友善的价值准则，展现了中华民族崭新的精神风貌和亮丽的时代风采。社会主义核心价值观赋予了关公忠义文化时代精神，关公忠义文化又为社会主义核心价值观提供了深厚底蕴。

关公忠义文化的首要价值是"忠"，这也是中华民族道德体系中重要的伦理准则。关羽一生追随刘备，匡扶汉室，这是关羽的基本信念和情感所系。在中国传统社会语境中，关公忠义文化中的"忠"，虽然是基于结义之"义"，念于兄弟之"情"，重于汉室之"宗"，具有封建性特点，但这种忠君护国思想经过历代帝王封谥、民间崇奉，与儒、释、道思想相融合，"忠"在关公忠义文化中显现为朴素而深沉的爱国情怀，成为中华民族爱国主义传统的典范，为社会主义核心价值观提供了价值资源和文化基础，与社会主义核心价值观中的"爱国"有着高度的契合度。在社会主义核心价值观中，爱国是核心价值观的基础，也是对公民的最基本要求。

关公忠义文化的核心内容是"义"。在中华传统文化范畴中，"义"包含着道德情操、行为准则、站位立场等多重含义和多个外延，因不同场景和对象，出现了多种阐释和解读。关公忠义文化中的"义"定位在"春秋大义"，塑造了关公的传统伦理道德形象。民间江湖将关公忠义文化中的"义"理解为"侠义"，推崇关公的舍生取义、行侠仗义精神。商人将关公忠义文化中"义"演绎为"诚信"义利观，尊奉为招财、护财的财神。不同阶层、不同群体在"义"的标牌下都找到了与自身利益相关的价值观，出现了多元共识的特有文化现象。"义"与社会主义核心价值观中的"诚信"等内容相对应，一方面将进一步强化为国家、为民族舍生取义的"大义"。另一方面以法治化、制度化、契约化赋能关公忠义文化，有助于夯实诚信社会基础，完善诚信法律法规，构建制度化诚信体系，丰富诚信思想内涵，构建诚信、守信社会。

关公忠义文化的价值根基是"仁"。作为儒家文化的核心概念，"仁"在中华传统文化中占有至高无上的地位。孔子认为"孝弟也者，其为仁之本欤"，又说"仁者爱人"。孟子认为可以将仁爱推己及人，所谓"亲亲而仁民，仁民而爱物"。这种仁爱体现在关公忠义文化中，就是以仁德行政、以仁爱体恤民众，即同情人、尊重人、理解人、善待人、帮助人，与社会主义核心价值观中的"平等""友善"具有高度的契合性。核心价值观中的友善既有善待和尊重亲友、他人的内涵，也有善待和尊重社会、自然的意义，不但体现着一个人的道德水平，而且也体现了社会的和谐程度，同时也反映了人与自然的友好关系。因此，关公忠义文化中的"仁"将丰富社会主义核心价值观，极大扩展社会主义核心价值观的内涵和视野。

关公忠义文化的禀赋和精神集中体现于"智""勇"。儒家《大学》篇把"格物致知"视作君子学以成人的前提条件，除了强调通过学习来提高君子的"智识"外，还高度重视君子对所学"智识"的实践体验。关公忠义文化中的关羽，正是通过"格物致知"和"力行不怠"，走向了古代君子修己以安人的至高境界，塑造出一个文韬武略、智勇双全的忠义形象。关公忠义文化中的"智"和"勇"既是关羽的自身禀赋和自我修养，也是关羽的职业伦理和社会行为，与社会主义核心价值观中的"敬业"内容相近相融。所以，关公忠义文化中的"智""勇"精神有助于提升积极向上的人生态度和敬业奉献的社会主义职业道德，在自己的岗位职责中敢于担当、尽职尽责、甘于奉献，把实现中国梦的远大理想融入自己的工作中，这是践行社会主义核心价值观的价值所在，也是建设中华民族现代文明的现实要求。

5.关公忠义文化的国际价值

关公忠义文化的国际价值重点体现在提升我国文化的软实力和世界认同感方面。关公忠义文化不仅是中华民族优秀传统文化的结晶，而且是全人类共同的优秀文化和文明成果，在对外交流中可以提高中华文化的吸引力和影响力，提升国家文化软实力；可以增强中华文化的世界认同和理解，优化我国现代化建设的外部环境；可以扩大中华文化的传播力和辐射面，彰显中华文化的独特魅力和形象。

关公忠义文化内涵丰富，价值独特，在对外交流中有助于提升中国的国家软实力。一方面，关公忠义文化蕴藏着丰富的文化资源，为提高国家文化软实力提供了丰沃的文化土壤。另一方面，改革开放以来随着我国国力的不断增强，对外交流不断扩大深化，为提高文化软实力准备了良好的条件。通过中外文化交流，可以让世界感受和体验关公忠义文化所代表的中华文化价值和文化传统，增强中华文明的感召力；通过对外宣传展示，可以让世界了解和认识根植于传统文化的中国特色社会主义制度和中国式现代化发展道路，增强中国制度的吸引力；通过中外民间交往，可以让各国人民感知和体会关公忠义文化形成的中华民族伦理道德和行为方式，增强国民形象的亲和力；通过国际交流合作，可以让世界接受和分享蕴含关公忠义文化理念的中国制造、中国创造，展现中国力量和中国魅力。

关公忠义文化开放度高、包容性强，在对外交流中可以有效优化我国现代化建设的外部环境。关公忠义文化历经上千年积淀和塑造，融合儒、释、道文化，形成了忠义仁勇智为主体的基本内涵，具有强大的包容性和开放性。同时关公忠义文化被不同阶层、不同身份的中国人普遍认同推崇，影响遍及海内外。关公忠义文化的这个特性，一方面可以使我们在开放与竞争并存、多元与特色同在的格局中，既保持中华传统文化民族性，提升中华文化世界影响力，吸收世界文明中的优秀文化，丰富关公忠义文化内涵，增强中华文化的世界理解和认同；另一方面，在百年未有之大变局时代，在充满竞争和冲突的国际环境中，以坚定的文化自信和文化自觉，秉持关公忠义文化核心价值，向世界提供促进合作和化解冲突的价值理念和方法路径，为我国现代化建设和民族复兴大业创造和平发展的良好外部环境。

关公忠义文化辐射力强，影响力大，在对外传播中有助于树立"大国形象"。关公忠义文化历经千年阐释和演绎，呈现出多层次、多角度、多形式的特点，为对外传播提供了丰富的素材和题材。通过讲好"关公故事"，打造"关公产品"，可以使中国在对外交流中获得更多更大的主动权和话语权，在中外交往中增进更多更深的认同感和接受度，展现出历史底蕴深厚、各民族多元一体、文化多样和谐的文明大国形象，政治清明、经济发展、文化繁荣、社会稳定、人民团结、山河秀美的东方大国形象，坚持和平发展、促进共同发展、维护国际公平正义、为人类作出贡献的负责任大国形象，对外更加开放、更加具有亲和力、充满希望、充满活力的社会主义大国形象。

（二）弘扬关公忠义文化的实践成果

山西是关公忠义文化的发源地，弘扬关公忠义文化，取得了大量富有成效的成果，积累了很多可资借鉴的经验，得到了许多积极有益的启示。

1.弘扬关公忠义文化的主要成效

关公忠义文化在山西有着深厚的基础和丰富的资源，山西省运城市解州镇是关羽的故乡，建有全国最大的关帝庙。关公忠义文化文物古迹遍布全省，民间关公信俗非常盛行，关公忠义文化深受推崇。依托关公忠义文化资源，挖掘整合关公忠义文化，致力讲好关公故事，推出了一批建设成果，使关公忠义文化在新时代焕发出了新的活力。

活化文物研究，展示关公忠义文化。山西各级政府和文物部门高度重视文物安全保护工作，深入推进"文物平安"工程，坚持最小干预的原则，科学实施文物保护项目，修复了多处重要文物古迹。运城市多年来积极推进文物活

山西省运城市解州"关夫子故里"碑

化展示，在完善研究体系、传播推广体系、数字化保护体系的同时，深化和展示文物古迹的历史价值和文化精华，依托基础陈列展览，推进文旅融合，先后开展了"馆际合作+特色展览""基础陈列+社教研学""文创研发+文化传播"等活动，创新博物馆教育活动形式。解州关帝庙完成了馆藏文物的数字化工作，开展山西省文物保护科学与技术研究，与高校合作开展"山西关帝庙调查与关公忠义文化研究"课题研究，积极开发文物数字化藏品与关公造像文创，编辑出版《解州关帝庙志》系列丛书。博物馆还通过举办联展、巡展等，使历史文物"活"起来、"走"出去。

创新艺术形式，打造关公忠义文化作品。运城蒲剧团编创了蒲剧历史剧《忠义千秋》，通过蒲剧表演形式演绎传承千年的关公忠义文化，以"非遗剧目"展现"非遗文化"。运城市音乐家协会民族乐团与中央广播民族乐团以蒲剧音乐为创作主要素材，联袂创作编演了大型民族交响乐《关公颂》，拓展了关公忠义文化的艺术形式。运城市以文化为纽带，以书画为媒介，从2018年起先后举办了六届海峡两岸关公文化书画展，在海峡两岸产生了较大影响。

建立研究平台，深化学术研究。山西在运城关帝庙建立了关公文化研究院，在运城学院设立了关公文化研究中心，专门致力于关公文化的研究、保护、传承工作。关公文化研究院还与多所高校进行合作，依托大学研究力量，整合高校多学科力量，开展关公文化课题研究，取得了一批较高水平的研究成果。先后发表数十篇研究论文，编撰出版关公文化丛书及《关帝庙》杂志，编写出版《解州关帝庙志·碑刻题记卷》《解州关帝庙志·器物题铭卷》等多部图书。

2.弘扬关公忠义文化的突出特点

山西充分发挥关公忠义文化的资源、文化、地域优势，注重关公忠义文化的保护、修复、利用，将当地的历史、人文、自然景观结合起来，将关公忠义文化的资源优势转化为发展优势，在弘扬关公忠义文化方面积累了丰富的工作经验，取得了一系列标志性成果，形成了鲜明的特色。

　　突出地域特色，塑造文化名片。近年来，山西深入挖掘关公忠义文化的精神内涵和时代价值，不断扩大关公忠义文化的影响力、知名度和美誉度，形成了三张名片：一是运城利用关公故里，以庙会友，连续举办了34届关公文化旅游节，三次被评为"中国十大人物类节庆活动"，形成了关公节庆名片。二是弘扬关公忠义文化，积极引入关公忠义文化元素，注重以关公忠义文化核心价值进行社会治理，将运城打造成"信义之乡"城市名片。三是经营好文化资源，坚持以文塑旅、以旅彰文，大力推进文旅融合发展，形成了关公文旅名片。

　　突出文化特色，营造交流基地。山西依托运城解州关帝庙、关公文化研究院等，与海内外具有重要影响的关帝庙、关公文化社团联合，建立关公文化交流基地。已授牌30个关公文化交流基地，分布于5个国家、12个省和27个地区，促进了海内外关公忠义文化合作交流。运城还建立健全关公文化交流基地管理办法，形成了灵活务实的长效交流机制，规范了关公文化交流基地建设，提高了关公忠义文化的交流层次和规模。

　　突出学术特色，建设研究高地。2020年，在解州关帝庙文管所设立

山西省运城市"天下云长——关公文化展"亮相福建省泉州市

了山西唯一一家由政府成立的研究关公文化的专业机构——关公文化研究院，负责研究阐发、传承弘扬、收藏展示等工作。在运城学院山西省高校人文社会科学重点研究基地——河东文化研究中心设立了关公文化研究中心，以"弘扬关公文化，彰显地方特色"为宗旨，开展高层次、开放式、前瞻性学术研究，建设在国内外具有重要影响力的关公文化研究机构。

突出文旅融合，打造文旅热地。以打造"全球华人信仰关公的祈福圣地、世界游客体验忠义文化的旅游胜地"为目标，加快文旅深度融合发展。在文物保护利用方面，发挥解州关帝庙、常平关帝庙、盐湖区关王庙等6个全国重点文物保护单位的牵引作用，带动全省关公文物的保护利用水平。在景区景点方面，运城市成立了关公文化旅游发展公司，谋划兴建关公文化产业园，提升关帝庙景区等级。在文化产品方面，精心打磨蒲剧《忠义千秋》等精品剧目，利用影视、动漫、游戏等形式传播关公忠义文化，开发关公忠义文化文创产品，正在形成一条较为完整的文化产业链条，拉动当地的经济社会发展。

3.弘扬关公忠义文化的有益启示

山西积极拓展关公忠义文化交流，大力传播关公忠义文化，努力推进关公忠义文化文旅融合发展，精心打造关公忠义文化作品，不断提升研究水平，为新时代弘扬中华优秀传统文化，激发优秀传统文化的时代价值，提供了值得借鉴的经验启示。

启示之一：只有挖掘和发现传统文化与时代精神的契合点，才能增强中华优秀传统文化的共情力。关公忠义文化是基于共处的历史条件、共同的价值追求、共存的物质文化基础、共认的身份认同、共有的精神家园基础上形成的民族共同心理和情感，既是历史的，也是时代的，在继承中弘扬，在时代中升华，才能得到人民群众的呼应和认同，这是文化建设的意义所在，也是传统文化的价值体现。山西运城利用传统民俗节庆，开展关公忠义文化主题活动，先后吸引了近百万海内外游客参加，就是鲜明的例证。

启示之二：只有找到传统文化传承发展的创新点，才能永葆中华优秀传统文化的生命力。用社会主义核心价值观赋能关公忠义文化，将使关公忠义文化获得新生和发展，让人们感悟传统文化精髓，凝聚中华民族的共同意志和追求，为建设中华民族现代文明提供强大的精神动力和坚实的文化支撑，让中华文化展现出永久魅力和时代风采。

启示之三：只有找准推进产业发展和文化传承的着力点，才能发展中华优秀传统文化的生产力。文化建设不仅可以产生社会效益，也可以产生经济效益。近年来山西充分挖掘关公忠义文化资源，擦亮关公故里金字招牌，实施文旅、文创、文艺融合发展战略，持续加大弘扬关公忠义文化投资力度，为区域经济、社会发展提供了强劲动力，为优秀传统文化的保护利用拓展出广阔的空间，使文化产业发展成为高质量发展的强力引擎。

启示之四：只有对准对内对外交流的切入点，才能提升中华优秀传统文化的影响力。关公忠义文化走向世界，提升中华优秀传统文化影响力，是增强国家文化软实力、构建人类命运共同体的必然要求。近年来，山西

关公文创产品

建立文化交流基地，设立学术研究平台，开展文化交流活动，推进了关公忠义文化的传播。在新时代建设文化强国进程中，我们要以更自信的状态、更宽广的胸怀、更艺术的语言让关公忠义文化等文化品牌走出国门，向世界讲述"中国故事"，为世界贡献"中国智慧"。

　　"关公忠义文化篇"编写组：黄解宇　宋洁　李小刚　王崇任　任有辉

能吏廉政文化篇

Nengli
Lianzheng Pian
Wenhua

能吏廉政文化篇

山西能吏廉政文化源远流长、博大精深，流传着许多能臣廉政故事，形成源远流长的能吏廉政文化。习近平总书记指出："研究我国反腐倡廉历史，了解我国古代廉政文化，考察我国历史上反腐倡廉的成败得失，可以给人以深刻启迪，有利于我们运用历史智慧推进反腐倡廉建设。"弘扬能吏廉政文化，可以促进夯实全面从严治党、实现政治清明的思想道德基础，为推进自我革命、一体推进"三不腐"，破解管党治党历史难题提供重要的启示和借鉴。

一、能吏廉政文化的意义地位

习近平总书记在主持十八届中央政治局第五次集体学习时强调："历史的经验值得注意，历史的教训更应引以为戒。""必须坚持党要管党、从严治党，积极借鉴我国历史上优秀廉政文化，不断提高党的领导水平和执政水平、提高拒腐防变和抵御风险能力，确保党始终成为中国特色社会主义事业的坚强领导核心。"这些重要论述充分肯定了新时代弘扬中华优秀廉政文化的重要意义。挖掘弘扬能吏廉政文化，是坚持"两个结合"、传承弘扬中华优秀传统文化、推进建设中华民族现代文明的内在需要和重要举措。

（一）能吏廉政文化是中华优秀传统文化的重要组成部分

中华优秀传统文化是中华文明的智慧结晶，在五千多年文明积淀中孕育而生，凝聚着最深厚的文化基因。能吏廉政文化根植于中华优秀传统文化，底蕴厚重、内涵丰富。历史上山西曾涌现出一批清官廉吏，留下宝贵的廉政文化遗产。除正史记载被康熙誉为"天下第一廉吏"的于成龙之外，山西现存旧方志470多种，粗略统计仅7种《山西通志》入传人物就有15808人。另据成化《山西通志》记载，明初太原文庙前乡贤祠供奉30余人，其中狄仁杰、裴度、文彦博、薛瑄等都是名垂青史的能吏廉臣。山西能吏廉政文化蕴含着中华优秀传统文化的核心思想理念，承载着崇德尚廉的中华传统美德，延续着节俭自律的中华人文精神。

山西省吕梁市方山县于成龙像

1.蕴含优秀传统文化的核心思想理念

中华民族和中国人民在修齐治平、尊时守位、知常达变、开物成务、建功立业过程中,孕育和形成了革故鼎新、与时俱进的思想,求真务实、实事求是的思想,惠民利民、安民富民的思想,道法自然、天人合一的思想,并凝结成讲仁爱、重民本、守诚信、崇正义、尚和合、求大同等核心思想理念。能吏廉政文化在明君贤臣的施政实践、诸子百家的思想争鸣、廉政制度体系的构建中积淀形成,是古人治国理政理论和实践的高度升华,是中华优秀传统文化核心思想理念的集中表达。

坚持民本思想。民本就是以民为本,认识到民众在国家社稷中的重要地位和作用,重视民心向背对于政权兴亡的重要意义。民本思想早在先秦明君贤臣的政治实践中就有突出表达,《尚书·五子之歌》开篇说"皇祖有训,民可近,不可下。民惟邦本,本固邦宁",强调人民是国家的根基,只有人民安定,国家才能稳固,天下才能太平。"得民心者得天下,失民心者失天下"深刻警示着中国历代的施政者。清官廉吏在从政实践中积极践行民本思想，施行敬民、爱民、忧民、恤民、富民、乐民的施政举措。比如，明清时面对黄河水患，工部都水主事山西夏县人蔺芳提出导河分流主张，丰富了"分流论"的治河理论。著名水利专家沁水人刘东星先后主持开通邵伯、界首二湖等水利工程，最后累死在治水工地上。清代浑源人栗毓美发明了抛砖筑坝法，开疏引河，消解黄河水患。他们没有在河道治理这个被称为油水最肥厚的政事中损公肥私，而是勤政务实，为国计民生恪尽职守，为百姓呕心沥血。

坚持正义信念。中华传统价值观的正义一词由"正"与"义"两个字组成，"正"有正当、合适、公正之意，所谓"名不正，则言不顺"；"义"含有正义、应当和适宜等意，"义者，宜也"，"义，人之正路也"。荀子讲"正利而为谓之事，正义而为谓之行"，强调正义对于人之德行的重要性。崇正义在清官廉吏身上表现为为官清正、公道严明，始终坚持正义的信念。明代山西河津人薛瑄任大理寺左少卿时坚持为蒙冤百姓主持正义，得罪太监王振，虽被诬陷下狱，仍不畏权贵，反映出决不徇私枉法的为政品德和坚定信念。

2.承载崇德尚廉的中华传统美德

中华优秀传统文化蕴含着丰富的道德理念和言行规范，诸如天下兴亡、匹夫有责的担当意识，精忠报国、振兴中华的爱国情怀，一方有难、八方支援的责任意识，崇德向善、见贤思齐的社会风尚，孝悌忠信、礼义廉耻的荣辱观念，这都体现着评判是非曲直的价值标准，潜移默化影响着中国人的思维习惯和行为方式。清官廉吏在施政实践中坚持为政以德、崇廉尚贤理念，准确评判是非曲直，传承了崇德尚廉的中华传统美德。

坚持崇德向善。以德治国、德主刑辅贯穿中国古代。周公总结商纣王"自绝于天，结怨于民"的教训，主张"以德配天""敬德保民"。古代选拔人才时，十分重德，认为"德不配位，必有灾殃"。《周礼》载"考其德行，察其道艺"。管仲讲"大德不至仁，不可以授国柄"。孟子讲"惟仁者宜在高位"。荀子主张"论德而定次，量能而授官"。孔子说

"君子之德风，小人之德草，草上之风必偃"，为政者的作风对老百姓道德风尚的导向就像是风吹草倒，所以正人先正己。崇德向善的文化基因在三晋大地源远流长，帝尧设官定职，推求历法，知人善任，一生为民，《史记》赞颂"其仁如天，其知如神。就之如日，望之如云"。尧的仁德深刻影响着后世明君贤臣，激励着他们崇德向善。北宋思想家、史学家司马光在《资治通鉴》中讲，用人要坚持德才兼备，用君子而弃小人。

坚持崇公尚廉。公正无私的道德和廉洁能干的品行是清官廉吏的毕生追求，尧开启的禅让制是大公无私的典范。古代思想家将"公"作为政治追求。《吕氏春秋》讲"圣王之治天下也，必先公，公则天下平矣"。这就要求官吏公正无私、廉洁奉公。《周礼》对官员有"廉善、廉能、廉敬、廉正、廉法、廉辩"的六廉考核要求。廉是贯穿官员政治实践的主线。明代山西阳城人杨继宗为官清廉，宪宗问："朝觐官孰廉？"属下汪直回答："天下不爱钱者，惟杨继宗一人耳。"高丽诗人也称赞"天下谁人肯执中？三原王恕秉心公。浙江陈选堪连并，更有山西杨继宗"。

3.延续俭约自守的中华人文精神

中华优秀传统文化积淀着珍贵的精神财富。俭约自守、中正泰和的生

山西省太原市王琼祠

山西省和顺县明代能臣廉吏王云凤之墓

活理念，节俭持家、敦亲睦邻的处事交往方式，是历代中国人思想观念、风俗习惯、情感样式的集中表达，清官廉吏正是清廉正直、俭约自重的代表，在他们节俭朴素、修身养德的为官实践中凝结着能吏廉政文化，延续着中华文脉。

坚持节用惠民。节用即提倡节俭，被视为廉政思想内核，当官为政者的准则。《论语》讲"节用而爱人，使民以时"。墨子主张"节葬"，反对统治者生前奢侈挥霍、死后厚葬。老子主张"去甚、去奢、去泰"，要去除过度奢靡。董仲舒提出"食禄者不与民争利"。司马光告诫子孙"由俭入奢易，由奢入俭难"。节俭既是个人修养，又是施政之道，历史上有为的政治家大都将培育节俭之风作为治国安民的大事。明代太原人王琼坚持节用惠民，他在主持漕政时核实草料库存量，量用而征，实现草不积腐、民不困征。

坚持洁身自守。中国古人十分重视自我修养、廉洁自守。儒家认为修身第一。《大学》讲"自天子以至于庶人，壹是皆以修身为本"。孔子弟子颜回便是"一箪食，一瓢饮，在陋巷。人不堪其忧，回也不改其乐"。

颜回能做到安贫乐道，难能可贵。于成龙生活简朴，在灾荒年间以糠代粮，将节余口粮、薪俸救济灾民，百姓以歌谣赞之："要得清廉分数足，惟学于公食糠粥。"即使担任位高权重的两江总督，于成龙依旧是布衣蔬食，"半茹糠秕"，康熙帝称赞他"秉心朴直、莅事忠勤，而考其生平，廉者尤著"。

（二）能吏廉政文化是建设中华民族现代文明的丰厚滋养

"第二个结合"是深刻的"化学反应"，造就了一个有机统一的新的文化生命体，推动了中华文明的生命更新和现代转型，发展出中华文明的现代形态。建设中华民族现代文明需要不断激活优秀传统文化的活力，从中汲取力量，能吏廉政文化能够为此提供精神力量支撑。

1.厚植文化基础，提升文化自信

习近平总书记指出："文化自信是更基础、更广泛、更深厚的自信，是更基本、更深沉、更持久的力量。"中国特色社会主义文化不是凭空产生的，源自中华民族五千多年文明史所孕育的中华优秀传统文化。包括能吏廉政文化在内的中华优秀传统文化在漫长的历史进程中展现了强大的生命力，就像一条源源不断、愈益壮阔的江河，汇聚了各个历史阶段的文化精华。深入挖掘和大力弘扬中华优秀传统文化的精华，可以厚植文化基础，为建设中华民族现代文明提供宝贵资源，将其融汇在中国式现代化的伟大实践中。

2.奠定实践根基，激活精神力量

历史的起点就是逻辑的起点。在新的历史起点上更好地担负起继续推动文化繁荣、建设文化强国、建设中华民族现代文明这一新的文化使命，就必须深刻理解其历史逻辑和实践必然。新的文化使命是建设新时代中国特色社会主义的时代要求。中国特色社会主义文化形成于新时代中国的伟大实践中，形成于推进"两个结合"的进程中，我们必须立足于中华民族伟大历史实践，奠定历史根基，从辉煌灿烂的中华文明中获得滋养；我们必须立足于新时代中国特色社会主义伟大实践，奠定实践根基，使中华文

脉在赓续传承中弘扬光大，推动建设中华民族现代文明行稳致远。

清官廉吏为后人留下宝贵的精神财富，要从中学习"富贵不淫贫贱乐，男儿到此是豪雄"的崇高境界、"斩除顽恶还车架，不问登坛万户侯"的远大抱负、"天下兴亡匹夫责，位卑未敢忘忧国"的担当意识、"但愿苍生俱饱暖，不辞辛苦出山林"的奉献精神，用厚德载物、历久弥新的精神，绘就新时代精彩华章。

3.铸牢初心使命，夯实价值信仰

清官廉吏之所以能够青史留美名，功绩传万代，是因为他们坚守为国为民的初心，在施政实践中做了大量有益国计民生之事，赢得了百姓的口碑和赞誉，是因为他们勤政爱民、廉洁自守、惩贪除恶、匡扶真善，无私无畏、不惧权贵，恪尽职守、甘于清贫。"先天下之忧而忧，后天下之乐而乐""清风两袖朝天去，免得闾阎话短长"，道出了清官廉吏的价值追求和高洁品行，他们笃定初心不改、追求理想无悔的精神，激励着中华儿女奋斗不息、勇往直前。

中国共产党自成立就把为中国人民谋幸福、为中华民族谋复兴作为自己的初心使命，并激励着一代又一代共产党人勇毅前行。在未来征程上，我们要始终坚定理想信念、坚守初心使命，永远在新时代新征程上踔厉奋进，必须从包括能吏廉政文化在内的中华优秀传统文化中汲取养分，在推动"第二个结合"的生动实践中，实现能吏廉政文化的创造性转化和创新性发展。

（三）挖掘弘扬能吏廉政文化是坚持"两个结合"的必然要求

习近平总书记指出："在五千多年中华文明深厚基础上开辟和发展中国特色社会主义，把马克思主义基本原理同中国具体实际、同中华优秀传统文化相结合是必由之路。""两个结合"是推进马克思主义中国化时代化的根本途径。能吏廉政文化是中华优秀传统文化的重要组成部分，挖掘弘扬能吏廉政文化是坚持"两个结合"的题中之义。

1.为党的理论创新提供历史文化滋养

《中共中央关于党的百年奋斗重大成就和历史经验的决议》指出：
"习近平新时代中国特色社会主义思想是当代中国马克思主义、二十一世纪马克思主义，是中华文化和中国精神的时代精华，实现了马克思主义中国化新的飞跃。""两个结合"科学回答了时代和实践提出的重大问题，以全新的视野深化对共产党执政规律、社会主义建设规律、人类社会发展规律的认识，开辟了马克思主义中国化时代化新境界，实现了马克思主义中国化时代化新飞跃。习近平总书记指出："如果没有中华五千年文明，哪里有什么中国特色？如果不是中国特色，哪有我们今天这么成功的中国特色社会主义道路？只有立足波澜壮阔的中华五千多年文明史，才能真正理解中国道路的历史必然、文化内涵与独特优势。"因此，要从五千多年文明史的宽广视野中深刻领悟中国共产党为什么能、中国特色社会主义道路为什么好，归根到底是马克思主义行，是中国化时代化的马克思主义行。

习近平总书记指出，"'第二个结合'是又一次的思想解放"，并强调："我们要特别重视挖掘中华五千年文明中的精华，把弘扬优秀传统文化同马克思主义立场观点方法结合起来，坚定不移走中国特色社会主义道路。"这一重要论述充分肯定了中华优秀传统文化对理论创新的重要作用，"第二个结合"的结果就是让马克思主义成为中国的，中华优秀传统文化成为现代的，让中华优秀传统文化的创新创造活力在新时代得到有力激发，为发展科学理论提供思想滋养。

2.为创新丰富治国理政思维提供精神养分

习近平总书记强调，"反腐败斗争形势依然严峻复杂，遏制增量、清除存量的任务依然艰巨。必须深化标本兼治、系统治理，一体推进不敢腐、不能腐、不想腐"，并深刻指出："中华民族有着五千多年的文明史，我们要敬仰中华优秀传统文化，坚定文化自信。要善于从中华优秀传统文化中汲取治国理政的理念和思维"。中华民族创造了灿烂辉煌的中华文化，积累了丰富的治国理政经验和智慧。能吏廉政文化正是治国理政思维的集中体现，积极吸收历史上清官治国理政的各种有益经验，能够为现代文明提供养分，有助于思维理念、人文素养和精神境界的升华。

坚持任人唯贤。中华先哲主张"任人唯贤""德才兼备"，认为贤能人才是国之大宝，得贤则兴，失贤则亡。孟子说"不用贤则亡"。荀子讲"得其人则存，失其人则亡"。《吕氏春秋》提出："身定、国安、天下治，必贤人。"《左传》记载了晋国大臣祁奚"内举不避亲，外举不避仇"的故事。坚持德才兼备、以德为先，坚持五湖四海、任人唯贤等新时代好干部标准，实现了对优秀传统文化选贤任能理念的创新性发展。

正确对待义利。古代思想家和清官廉吏强调要坚持正确的义利观，以义制利。孔子讲"见利思义""君子喻于义，小人喻于利"。孟子明确要求在利与义冲突时，人应该"舍生而取义"，因为追求义的价值超过生命本身的价值。清代山西五台人徐寅第在调查煤窑案件时不收受贿赂之利，不畏惧权贵威胁之害，坚守为国为民之义，解救百姓于水火之中。义利关系不仅关于个人修养，更包括宏观政略，《大学》讲"国不以利为利，以义为利也"。弘义融利、先义后利是中华优秀传统文化的重要内容。党的十八大以来，以习近平同志为核心的党中央鲜明地提出在外交工作中要坚持正确义利观，以义为先，义利兼顾，创造性地丰富了传统义利观的内涵，总结升华了中华传统文化的道德精髓，并展现了中国外交的核心价值取向，引领新时代中国特色大国外交实践开启崭新篇章。

3.为当今党风廉政建设和反腐倡廉斗争提供历史智慧

习近平总书记指出："深入推进党风廉政建设和反腐败斗争，需要坚持发扬我们党在反腐倡廉建设长期实践中积累的成功经验，需要积极借鉴世界各国反腐倡廉的有益做法，也需要积极借鉴我国历史上反腐倡廉的宝贵遗产。"官廉则政举，官贪则政危。从能吏廉政文化中挖掘丰富内涵，思考深刻哲理，能够为党风廉政建设和反腐败斗争提供历史智慧。

注重廉洁教化。古人为政注重对官吏进行廉洁教化，告诫官吏要为政以德，做忠、廉、明、慎、勤的典范。唐太宗教育臣子要戒贪，他曾以

"水能载舟，亦能覆舟"和"明珠射鸟雀"的比喻说明民心的重要和贪污受贿得不偿失的道理，反复告诫："为臣贪，必亡其身。"明太祖朱元璋亲自组织编印历史上第一部反腐教材——《醒贪简要录》，明确官僚的工资标准，制定了极严酷的惩贪法律《大明律》，有力地震慑了官吏。他还组织编写了《大诰》《大诰续编》《祖训录》《臣戒录》等，选录当时全国典型贪腐刑事案件对官民进行法纪教育。

重视制度建设。中国的监察制度历史悠久，早在秦朝就设立了中央监察机构和职官，负责监督纠劾百官。汉代确立了御史中丞制，制定了地方监察法规，刺史以六条治问地方豪强滑吏。隋唐御史台内设不同机构，主要职责就是纠察百司缺失，肃正朝廷纲纪。还有比较完备的法律《开皇律》《唐律疏议》等。重视制度建设，强化对权力的约束正是廉政文化留传的历史智慧。要积极借鉴传统廉政思想智慧，赋予其新的内涵，使它与现实相融通。

总之，以唯物史观为指导，挖掘保护传承与弘扬深厚能吏廉政文化，对其内涵外延进行深入研究阐释，并总结探索其发展规律，不断扩大能吏廉政文化感染力和影响力，可以为构建现代政治文明提供坚实根基，为营造风清气正、干事创业的政治生态和高质量发展提供持续的思想道德正能量、动力源。

二、能吏廉政文化的内涵特征

能吏廉政文化具有深厚的历史底蕴和重要的时代价值。为了推进新时代能吏廉政文化的创造性转化和创新性发展，就要从能吏廉政文化的深刻内涵、核心理念和主要特征等方面，对其深刻理解与把握。

（一）能吏廉政文化的基本内涵

能吏廉政文化是"能吏"与"廉政"在历史长河中有机融合而形成的。"能吏"强调官员之才、之贤。"能"在《说文解字》中的解释为："熊属。足似鹿。能兽坚中，故称贤能；而强壮，称能杰也。""贤能""能杰"，表示力量强大。"吏"在《说文解字》中解释为"治人者也"，即管治百姓的人。以"能"来修饰"吏"就是强调官吏能力的重要性，能吏要像熊之于兽之中坚一样，具备强大的能力，这样的吏才能真正为君主分忧。"能吏"侧重于强调官员之"才"，是官员面对民众和处置纷繁复杂社会事务的能力，而这种能力的发挥在官员个人层面上需要有"清廉"的自我约束，在社会层面上需要有"廉政"的大环境保障。

"廉政"指一种宏观的政治氛围，这种氛围的形成需要每一个官员的严格自律和社会整体的政治导向。"廉"在《说文解字》中的解释为"仄也。从广兼声"。段玉裁注解为："此与广为对文，谓逼仄也。堂之边曰廉。天子之堂九尺，诸侯七尺，大夫五尺，士三尺。堂边皆如其高。""廉"本义是"堂之边"，指房屋下台基的室外部分。段玉裁在注中增加了礼制的内容，天子、诸侯、大夫、士有着严格的等级序列，他们的房子台基也有着严格的等级限制。"堂边有隅有棱，故曰廉。廉，隅也。又曰廉，棱也。引申为清也、俭也、严厉也。"进而引申为清明、能干、俭约、严肃、正直、公平的态度和原则。"政"在《说文解字》中的解释为"正也"，强调行正义，孔子讲"政者，正也。子帅以正，孰敢不正？"要求执政者以上率下。"廉政"即指公正廉明的政治和氛围。

"能吏"与"廉政"二者内在融合、相互促进。首先，"廉"是能吏发挥才能的内在要求。早在《尚书·皋陶谟》中提出从政者的"九德"就包括"简而廉"，要求官员能在利益诱惑面前不为所动，即《吕氏春秋》所讲"临大利而不易其义，可谓廉矣"。《周礼》将廉作为考核官吏标准，"以听官府之六计，弊群吏之治"。能否通过"六计"考核，反映官员是否能做到"廉"。可见，不廉者不能称为能吏。其次，政之廉是吏之能得以充分发挥的保障。政治清明的环境有利于官吏尽展所长，唐太宗知人善任，从谏如流，营造出政治清明的氛围，使官员充分发挥其能力。李世民初期延揽房玄龄、杜如晦，留下"房谋杜断"的佳话，后期任用长孙无忌、杨师道、褚遂良等一批忠直廉洁之士，同时他还不计前嫌，重用李

山西省太原市晋祠公园内李世民与群臣铜像

建成旧部魏徵、王珪，降将尉迟恭、秦琼等能臣，形成人才济济、文武兼备的局面，开创了"贞观之治"。

能吏廉政文化是指由能干的官吏与廉洁的政治氛围一起形成的具有强大塑造力、普遍影响力与广泛传播力的一种社会意识和国家软实力。官员道德修养高低、个人素质好坏，是吏治是否清明的关键，而政治清明又是能吏之"能"充分发掘与良性发挥的重要保障。可见，能吏是廉政的内生动力，促使廉政取得实绩；廉政是能吏的外部规约，保证能吏发挥才能正确履职，"能吏"与"廉政"有机融合，共同成为文化软实力核心，在漫长封建社会中发挥了重要教化作用，因而具有长久的生命力。经过新时代创新转化，能吏廉政文化必将更多地焕发社会主义政治文化的勃勃生机，更好地服务政治建设。

（二）能吏廉政文化的核心理念

中华传统文化深受儒家修齐治平政治理想影响，很大程度上塑造了古代士子的政治抱负，形成中华民族独特的价值理念和人生追求。山西历代的清官廉吏正是追求修齐治平、坚守礼义廉耻的典型代表，在他们勤政爱民的政治实践中凝结着能吏廉政文化的核心理念。

1.能吏廉政文化的内在动因

山西历代能吏廉臣能够名垂青史，与自身具有的高尚思想道德密切相关。他们的这些高尚思想品德，具有历代仁人志士的共性特征，是中华民族优秀传统美德的集中体现。

修身的自我要求。"自天子以至于庶人，壹是皆以修身为本。"君子首重内修，修身然后立世，进入齐家、治国、平天下的立世实践。修身即是增长才能、砥砺德行的过程，要通过格物、致知、诚意、正心来实现。修身是士子成为能吏的必经之路，也是实现人生价值和达到人格完善的重要手段和途径。

远大的政治抱负。儒者追求"立德立功""成己成物"的人格理想，"立德"即修身以"成己"，是通过心性修养增进德智，追求达至圣贤境界；"立功"即入世以"成物"，是在治国平天下的政治实践中利济苍生，实现美好的社会理想，成为能吏即有机会实现"成己成物"的统一。人生有穷达顺逆之不确定性，在得志时可以实现"成己"与"成物"的统一，在失意时，"成物"的实现有困难，但也必须坚持"成己"，即孟子讲的"穷则独善其身，达则兼济天下"。"成己"是底线要求，也只有"成己"才会坚定信念抱负。

"内圣外王"的远大理想。儒家以伏羲、神农、黄帝、尧、舜、禹、汤、文、武等上古帝王为榜样，强调兼济天下"内以成圣，外以成王"。"内圣外王"体现了道德与政治的统一，一代代能吏正是在追求"内圣外王"的理想过程中修身养德，在政治实践中勤政爱民、敬业务实，为百姓万民、家国天下做贡献。"为天地立心，为生民立命，为往圣继绝学，为万世开太平"响亮地喊出文人士子的抱负，正是在追求理想抱负的过程中，无数士子以身许国许民，其中一代代能吏廉臣成为对国家有用的人才。

"天下第一廉吏"于成龙的一生就是积极追求修齐治平的一生。早在少年求学修身之时于成龙就坚定了修齐治平的信念，坚决摒弃"千里做官，为了金银吃穿"的陈腐观念，他不顾亲友劝阻，怀揣"此行绝不以温饱为志，誓勿昧天理良心"的抱负毅然去往瘴气盛行、偏处万山之中的罗城。在深山之间，于成龙洁己爱民，任事练达，仅仅三年就使罗城由乱到治，兑现了自己"直可吞瑶壮而餐烟瘴"的豪情壮志。修齐治平的追求就是强调要践行修身所得，于成龙认为"学者苟识得道理，埋头去做，不患不到圣贤地位"，他不仅坚守儒者赤子之心，修身养性，更是积极付诸行动，践行所学之理。于成龙作为青史留名的"能吏"，完成了修齐治平的人生追求，真正做到了"本内圣外王之学，以行其致君泽民之志"。

2.能吏廉政文化的行为制约

廉政是礼义廉耻在为政实践中的反映。廉政作为一种政治生态，既是价值目标也是现实举措。《管子·牧民》提出："国有四维。一维绝则倾，二维绝则危，三维绝则覆，四维绝则灭。……礼义廉耻，国之四维，四维不张，国乃灭亡。"廉政正是在政治生态中追求礼义廉耻的表现。

首先，对法的敬畏，坚持循礼守法。廉政对官吏行为规范的要求首先是遵纪守法，强调不遵国家法度，贪污受贿、徇私舞弊等不廉行为不仅有违官员行为规范，而且是违法悖礼之举。礼的理想状态是人人自觉向往，实现外在要求与内在诉求的统一。"礼"最初是指祭神祈福的仪式，后泛指中国古代与等级秩序相适应的典章制度、礼节仪式和社会道德规范。荀子讲"礼者，贵贱有等，长幼有差，贫富轻重皆有称者也"，使贵贱、长幼、亲疏、贫富等各有其次序，各自遵守其规矩。礼的具体表现形式是一整套的礼仪、礼节规定，包括吉礼、凶礼、军礼、宾礼、嘉礼等。大到国政活动，小到个人日常生活，中国古代社会生活的各个领域都受到礼的规范，礼制约着人的行为。明代忻州府人郑友周在主管太医院时不畏太子权贵、不惧宦官权势，坚持按照规制办事，严格要求东宫太监遵守朝廷制度盖章抓药。他坚持遵循法度、忠于职守的品格得到了人们的敬佩。

其次，对义的坚守，强调坚持信念。义是指人类社会活动和人际关系中的应当、正义准则，也就是那些符合一定社会道德标准的正当的行为或正义的行为。《中庸》讲"义者，宜也"，强调人的行为要符合道德标准。孟子讲"人皆有所不为，达之于其所为，义也"，强调对义的坚守。对义的坚守特别表现在利益诱惑面前，孔子讲"不义而富且贵，于我如浮云"，孟子讲"舍身而取义"，荀子讲"先义后利""以义制利"，在"义"与"利"的抉择中，"义"一定是放在首位。廉政即要求官员在利益面前能经受住诱惑，能坚守义的要求，能够堂堂正正做人，清清白白做事。曾在康熙年间任浙江巡抚的山西高平人田逢吉五岁时就有舍生取义之举，当强盗把刀架在父亲脖子上时，他不仅没有逃跑，反而决定以自己同强盗交换父亲，小小年纪就有如此凛然大义。在之后的政治生涯中，不管是在翰林院主试还是在浙江平乱，他都能够坚持信念，在以病告归之后注重家教传承，教育引导孙辈坚守义之信念。

再次，对廉的追求，崇尚清正廉洁。廉，即清正廉洁，指人品行端正，清白高尚，公私分明，严于律己，洁身自好。老子讲"圣人方而不割，廉而不刿"，圣人之所以能够做到锐利而不伤人，就是因为圣人能够坚持原则、不圆滑。追求廉就是要坚持原则，在面对物欲、财利、色欲的诱惑时，决不取利以饱私欲，正如孟子所讲"可以取，可以无取，取，伤廉"，在任何时候都要坚持原则，不取不当之利，不做伤廉之事。追求廉还意味着坚守节义、追慕高节，《吕氏春秋》中《诚廉》篇以"石可破也，而不可夺坚；丹可磨也，而不可夺赤"开篇，讲述伯夷、叔齐坚持节义饿死首阳山的故事，高度赞扬有廉之士宁死不改变操守的高贵品质。有"三代帝师""四朝文臣""寿阳相国"之称的山西寿阳人祁寯藻一生奉行"清、慎、勤"，始终坚持自己的原则，居官五十余载而"门无杂客，不通贿赂"，"虽好宏奖，而不受私谒，有馈遗者，必拒之"。山西太原人杨二西为人清廉正直，在监察岗位上恪尽职守。

最后，对耻的敏感，强调坚守底线。耻是指内心的羞辱之感，孟子讲"人不可以无耻。无耻之耻，无耻矣"，强调对恶言、恶行的羞辱不

山西省晋城市陈廷敬故居皇城相府

齿，在社会伦理空间属于道德底线。古人强调知耻的重要性，即人要自尊自重，能分辨善恶荣辱，有羞耻、善恶之心。朱熹讲"人有耻，则能有所不为"，人有知耻心，就会知道什么事情该做，什么事情不该做，能够自觉约束自己的言行。他还讲"人须知耻，方能过而改"，人有了知耻心，能够做到严于律己，有错必改。知耻心是一个人道德修养的起点和底线，如果一个人不知羞耻，就不可能成为一个有良心、讲道德的人。官员更要有荣辱知耻心，要清楚什么事不该做，任何情况下都不能逾越底线，始终做到严于律己。一代名相陈廷敬能获得《清史稿》"清勤"的评价，就在于他能够始终坚守底线，在任吏部尚书时要求家人不得放入行为不端和送礼贿赂谋私的人，出任礼部时立下规矩："自廷敬始，在部绝请托，禁馈遗。"有一个布政使趁夜溜进陈府长跪于地请求陈廷敬接受礼物，被陈廷敬怒斥并驱出府邸。陈廷敬一生不越底线半步，得到了康熙帝"恪慎清勤，始终一节"的高度赞誉。

（三）能吏廉政文化的重要特征

山西素有"表里山河"之称，特有的山川地势构成了一道天然的屏障，自古就是兵家必争之地，因此山西在国家政治生活中具有极重要的地位，有"治世之重镇，乱世之强藩"之称。山西因其重要的战略地位历来被中原王朝所重视，历史上涌现出许多贤臣能吏。在清官廉吏的施政实践中，在千年文明的历史传承和岁月积淀中，形成了能吏廉政文化的如下主要特征。

1.文化生成的自发性

能吏廉政文化作为一种文化现象，其生成是自发的。人们对于能吏廉政关注的自觉意识，不只在文化层面，也在政治层面，是对治国理政的关注。不论是明君圣主的为政之策还是清官廉吏的政治实践，不论是思想家的争鸣还是法规制度的设立，都是以政治为导向的，关注的都是在政治上有所建树。当人们有了文化的自觉意识，回头寻找文化的因素时，发现能吏廉政文化已经在政治实践的千年历史中积淀成形了，已经成为一种文化样态。

山西能吏廉政文化生成的自发性，与山西在历史上具有重要的战略地位密切相关。这种以政治为导向的重要战略地位，既因其表里山河的独特地势，也因其长期毗邻王朝都城的地理位置，山西常常归于近畿、腹里之地，山西的安危直接影响京城乃至国家的安危。山西在古代社会中的政治地位是非常突出的，涌现了大量的贤臣能吏，并且在他们的政治实践中积淀形成了能吏廉政文化。这种文化是中华优秀传统文化的重要组成部分，是中国古人变革社会的产物，是对古代社会廉政实践的集中记录。我们要充分发挥文化自觉意识，变生成的自发为传承发展的自觉，深入挖掘能吏廉政文化的内涵与价值，促进其实现创造性转化和创新性发展。

2.文化主体的阶级性

所有的文化都是特定历史条件下的产物，都带有特定历史的烙印，能吏廉政文化也不例外。能吏廉政文化产生于中国古代，是古代施政实践的反映。每个社会的统治阶级都有其代表的阶级，中国古代为政者代表的是奴隶主和封建地主阶级。山西"治世之重镇，乱世之强藩"正是对于维护封建统治来说的，当国家统一稳定之时，可凭借山西外拒北方民族之侵扰，内平四地可能之叛乱，而当国家处于混乱状态时，占据三晋大地的政治集团就有可能成为主导国家政局的强藩。在这样的政治环境中生成的文化样态不可避免地带有阶级属性。当然，强调其阶级属性并不意味着要否定古代为政者的历史作用。能吏廉政文化中的民本、崇德、尚廉等思想理念至今仍有重要借鉴意义，但也不能忽视其阶级性，不能对传统文化不加分析地照单全收，要坚持古为今用和阶级分析法，取其精华，去其糟粕。

3.文化展示的社会性

马克思指出："人的本质不是单个人所固有的抽象物，在其现实性上，它是一切社会关系的总和。"人是社会性的存在，文化是人类活动的产物，是人在改造自然和社会的过程中产生的，因此文化自然具有社会性。能吏在社会中展示其才能，为社会做出有利国计民生的功业；廉政是社会政治生态，是社会大环境的形态；礼义廉耻是社会道德规范，是社会对人行为的约束。脱离了社会性，就没有了文化生成发展的土壤。能吏在社会中修身增能并不断成长。于成龙成长于传统的耕读生活，受到修齐治平的训育，养成了吃苦无畏、耿直无私的品行。他的施政足迹遍布湖广川闽，不论是抚治京畿、赈灾免赋，还是总督江南、整饬吏治，都是在广阔的社会实践中进行的。修齐治平是个人走向社会，在治国平天下中实现理想。脱离了社会性，就没有了文化生成发展的土壤。今天挖掘能吏廉政文化，就要立足于社会性，思考文化内涵在不同社会环境中如何保持生机，使其在新时代焕发光彩。

4.文化延续的传承性

能吏廉政文化千百年来在传承中不断丰富和发展。春秋战国百家争鸣，廉政文化在思想交锋中不断丰富完善。儒家倡导仁政，主张清廉；道家主张无为，清心寡欲；墨家主张节葬，反对奢侈；法家赏罚分明，以法去弊。从《吕氏春秋》"廉，故不以贵富而忘其辱"，到明代《官箴》"吏，不畏吾严而畏吾廉；民，不服吾能而服吾公。公则民不敢慢，廉则吏不敢欺。公生明，廉生威"，廉始终是对官吏一贯的要求，廉政制度和文化在其中一脉相承。从秦设御史大夫到隋唐御史台再到明清都察院，从《唐律疏议》到《宋刑统》再到《大明律》，廉政制度体系在实践中不断传承和完善。正因如此，廉政文化才能源远流长，不断传承发展。山西能吏廉政文化培育了一代代清官廉吏，他们清正有为、刚直不阿，坚守高洁情操；激励着一代代仁人志士，他们胸怀理想、勇于担当，坚定追求真理；养育了一代代三晋儿女，他们忠厚和善、吃苦耐劳，坚持勤俭持家。对于山西来说，传承能吏廉政文化不仅是延续历史之需要，更是面对现实之必要。我们要继续传承能吏廉政文化，在新时代反腐倡廉建设中进一步丰富、发展和完善中国特色社会主义廉政文化。

5.文化发展的时代性

文化是每个时代的产物，是社会实践的反映，但文化又可以超出特定时代的长度，作为文化形式独立延续下来。文化的生成并不是一次性给定，在其延续的过程中会面对新的时代，不断吸收新的文化成果来丰富、发展和完善自身，因而具有内在超越和随时代进步的可能性。能吏廉政文化具有发展的时代性，它贯穿古今，吸收了历代清官廉吏在为政实践中积累的大量文化资源，在时代的更迭中不断丰富和发展，使得廉政思想越来越丰富、廉政制度体系越来越完善。

从中兴名相傅说到治河能臣西门豹，从直陈时弊的鲍宣到正色立朝的王家屏，从清廉刚正、断案如神的狄仁杰到心底无私、严正除恶的徐寅第……这些清官廉吏的名字超出了所处时代的长度，他们的功业被史册铭记，他们留下的文化资源更是在历史延续的过程不断丰富发展。到今天，能吏廉政文化迎来了更好的发展机遇，建设文化强省需要充分发掘优秀传统文化资源。我们要充分认识和把握文化发展的时代性，从过去的时代积累中汲取文化精华，同时又以新时代的实践激活丰富文化资源，使能吏廉政文化不断发展，使优秀传统文化在新的时代绽放光彩。

三、能吏廉政文化的历史脉络

（一）能吏廉政文化的历史渊源

"能吏"之语最早出于班固《汉书·张敞传》："上以问前将军萧望之，望之以为敞能吏，任治烦乱，材轻非师傅之器。"所谓能吏，是在其位尽职尽责，为国家和人民做出重大贡献的官员。

西汉司马迁在《史记》中专辟《循吏列传》，记载以楚相孙叔敖为代表的先秦以来在地方治理上有突出政绩的优秀官员的生平事迹。在篇末，司马迁撰写史评，解释"循吏"之"循"，意为"奉职循理，亦可以为治"。"循吏"所指与"能吏"之意大致相符，均指恪尽职守、政绩出色的杰出官员。东汉班固的《汉书·循吏传》沿袭司马迁笔法，将以文翁、黄霸等为代表的六位政绩最出色的地方官并传予以表彰，认为此六人"皆谨身帅先，居以廉平，不至于严，而民从化"。西晋陈寿《三国志·魏书》亦将曹魏的两任扬州刺史刘馥、温恢，兖州刺史司马朗，并州刺史梁习，雍州刺史张既，豫州刺史贾逵六人合为一传，称赞他们"咸精达事机，威恩咸著，故能肃齐万里，见述于后"。南朝宋范晔《后汉书·循吏传》也记录了以卫飒、任延为代表的东汉官员的事迹。前四史后，官修正史专辟"良吏""循吏"等传记述前朝能吏事迹基本成为定制，不仅弘扬了优秀官员勤政奉公、甘于奉献的品行，更为后世官员树立了行政楷模和榜样。

"廉政"之语源出《晏子春秋》："廉政而长久，其行何也？"国家政治清明，各级政府官员在履行职能时廉洁奉公是"廉政"的具体体现。清廉的政治风气不仅能够极大地减少政府治理系统的内耗，更是保证国家治理高效运转的关键。纵观中国历史，历代统治者都将廉政作为国家统治的重要标准，主要体现在以下三个方面：

其一，历朝历代统治者大多会树立为政清廉的官员为标榜，以弘扬清平的政治风气。具体体现在正史中，就是历代史书都会重视记录清廉官员的生平事迹。其中具有代表性的有《后汉书·杨震传》，记述了东汉司徒杨震早年赴任荆州刺史时，以"天知，神知，我知，子知，何谓无知"的"四知"之论严词拒绝了门生王密以黄金十斤对自己行贿的事迹；《宋史·包拯传》记录了北宋名臣包拯刚正不阿、清廉奉公的为官之道。他"与人不苟合，不伪辞色悦人，平居无私书，故人、亲党皆绝之。虽贵，衣服、器用、饮食如布衣时"；而《明史·海瑞传》则记述了著名清官海瑞刚直不阿、清正廉洁的为官之风。海瑞去世后，"小民罢市，丧出江上，白衣冠送者夹岸，酹而哭者百里不绝"。除了给为政清廉的出色官员立传记述之外，在对其他重要历史人物的记录中，其清正廉洁的事迹也往往成为对该人物进行正面评价的关键因素。如裴松之注《三国志·赵云传》记载，刘备攻取成都后，想将成都的屋舍桑园田地分赐有功诸将。名将赵云力排众议，认为益州久经战乱，其"田宅皆可归还，令安居复业"，并以霍去病"匈奴未灭，无以家为"的典故进言劝谏；《明史·于谦传》记载名臣于谦被冤杀后，其"家无余资，独正室镌钥甚固。启视，则上赐蟒衣、剑器也"。

其二，历朝历代中央政府在任用、选拔人才时，清廉与否也是重要的选拔依据。两汉选拔人才是地方向中央推举人才的察举制，而其中"廉"与"孝"并列，是任用人才时最为看重的两项品德，故察举制又被称为"举孝廉"。魏晋推行九品中正制，包括"廉"在内的品德标准是将人才归类于上、中、下诸品以进行选拔的重要依据。隋唐科举制成为我国选拔人才的主要手段。科举考试中，以四书五经为主的儒家经典以及时政策论是主要考试内容。

其三，在王朝陷入危机时，历朝历代的改革者也均将整顿吏治作为改革的重要内容。北宋范仲淹、王安石等推行变法时，精简官僚体系。明代张居正执政推行"考成法"以强化监察。当然，受限于长久以农业为主的经济基础以及专制皇权制度下的官僚制度本质上的落后性，追求廉洁政府的目标在我国古代尚有很大局限性，但仍是历朝历代国家治理的重要目标。

在制度建设方面，历朝历代的中央政府在实践中逐渐形成了一套对各级官员进行考核检验以保障官员质量及政治清廉的监察制度。秦汉时期，中央政府首创三公九卿制，朝堂之上，三公地位最高，总领行政、监察及军事事务，其中御史大夫司掌监察百官之责，虽品秩在三公之中最低，但在朝堂之上职权举足轻重。自两汉之后，历代官制虽常有变易，但负责监察百官的御史系统一直存续至清末。在地方上，考课制度一直发挥着对地方官员的监察功能。所谓考课，即指中央政府对地方官员的政绩、品行等定期进行考核，并依据考核结果进行人事调整的制度。考课制度最初表现为上计制度。上计制度是在以郡县制为基础的地方政治体制下，在每个财政年度末由各县地方政府汇总本年度本县经济数据、人事变动、社会治安及财政收支等具体情况制作文书，派遣上计吏送至所属郡府，再由郡府对各县情况进行整理汇总，制作上计簿，报送至中央，由中央政府对地方官员的政绩进行考核，以进一步行使对官员的任免、调动等职责的制度。隋唐之后，随着中央与地方关系的调整，设立直属中央的地方监察机构以更加系统全面地履行中央政府对地方政府的监察职责，标志着我国古代政权监察制度臻于完善。

（二）山西历史上能吏廉政代表人物及其事迹

历史上，山西就以能臣名将辈出而闻名，其中行事录于正史、能吏廉政之风得到史家肯定的名臣也不在少数。比如南北朝时北周的裴侠，唐朝的柳宗元、狄仁杰，宋朝的司马光，明朝的杨继宗、薛瑄以及清朝的于成龙、陈廷敬、栗毓美等。

裴侠（？—559），字嵩和，河东解（今山西临猗）人，南北朝北周名臣。裴侠出身士族名门河东裴氏，历经北魏、西魏、北周三朝，为官清正，美名远扬。在担任河北郡守期间，他"躬履俭素，爱民如子"。按照旧例，河北郡有渔猎夫三十人为郡府役使。裴侠认为"以口腹役人，吾所不为也"，免除了这些人的额外徭役。同时还有壮丁三十人专为郡府纳税服役，裴侠没有将这一部分租税用于私用，而是拿出来购置官马。几年后，河北郡的官用马匹便繁殖成群。裴侠为官清廉，离任时一无所取，河北郡的人民编制民谣来传颂他的事迹："肥鲜不食，丁庸不取，裴公贞惠，为世规矩。"宇文泰听说了裴侠的廉政事迹，在朝堂上对他公开表彰并进行了丰厚的赏赐。朝堂众臣无不叹服，都尊称他为"独立君"。武成元年（559）裴侠病逝，北周朝廷追赠其太子太师、蒲州刺史，并追谥为"贞"。

狄仁杰（630—700），字怀英，并州太原（今山西太原）人，唐代名臣。他以科举入仕，历任汴州判佐、度支郎中、复州刺史、宁州刺史、洛州司马等职，并于武周一朝两度拜相。狄仁杰勤政为民，刚正不阿。慧眼识能，先后举荐了张柬之、李楷固等能臣良将。他亦不畏权势，屡次直言力谏。武则天笃信佛教，曾多次欲大兴土木修筑佛寺、佛像，狄仁杰以劳民伤财为由数次进谏，认为国家的主要事务应当是整顿内政、安抚百姓、

山西省太原市狄仁杰文化公园

增强国力。在个人操守方面，他严于律己、清正奉公，生活简朴，作风清廉。任宁州刺史期间，曾严词拒绝下属向他行贿。任大理寺卿期间，秉公执法，不畏权贵。担任宰相期间，还曾严令禁止朝臣收受礼金。

柳宗元（773—819），字子厚，河东（今山西运城）人，唐代名臣。唐顺宗时，王叔文等人主政，推行变法，史称"永贞革新"。柳宗元参与革新，为支持变法的重要官员。"二王八司马"事件后，他被一贬再贬，最终就任柳州。柳宗元没有因为官场失意而消极怠政。在任柳州期间，他带领民众开垦荒地，开凿水井，发展生产。他还整修街巷，修筑庙宇，为柳州这一偏远小城的发展作出了重要贡献。同时，他还重视兴办学堂，教化民众。当时柳州一带有欠债逾期后罚没为奴婢的残酷陋习。为了革除陋习，柳宗元颁布了释放奴婢的政令，对于家境贫困无法偿还债务的民众，他将劳役时间折算为工钱，"视直足相当，还其质"；对于已经被罚没为奴婢的民众，他则令官府出钱将其赎回。除了在文学领域取得的成就外，柳宗元的为政之道亦堪称唐代基层官员治理地方的典范。

杨继宗（1426—1488），字承芳，阳城（今山西阳城）人，明代名臣。他于英宗天顺年间进士及第，历任刑部主事、嘉兴知府、浙江按察

山西省晋城市阳城县杨继宗故居

使、左佥都御史、湖广按察使、右佥都御史等职。杨继宗清正廉洁，刚直不阿。明朝中期，官场风气已趋腐败，杨继宗洁身自好，出淤泥而不染。任左佥都御史巡抚顺天期间，他不畏权贵，彻查庄田，凡是有侵占民众土地的，就立刻查处，夺还百姓。他还借星象异变之机上书陈辞，指斥权宦贪赃枉法、欺凌百姓诸恶。任右佥都御史巡抚云南期间，云南有许多他的旧日同僚好友为官。杨继宗秉公为政，弹劾罢免了数位不称职的官员。

于成龙（1617—1684），字北溟，山西永宁州（今山西吕梁方山）人，清代名臣。他于顺治年间以科举入仕，累任罗城知县、合州知州、黄州府知府、武昌知府、福建按察使、福建布政使、直隶巡抚等职，后入朝加兵部尚书，康熙二十二年（1683）升任两江总督。于成龙作风简朴，勤俭节约。在广西罗城县任知县期间，其子从山西前来探望，于成龙将仅有的一只咸鸭割了一半给其子作为其回程的口粮，由此得美称"半鸭知县"。他勤政为民，甘于奉献。在合州任知州期间，他着手整顿经济、革除弊政，由官府贷种子和耕牛，以优惠之策招徕流民开垦荒地以恢复生产。上任仅两个月，百姓纷纷回迁合州，户数骤增至千户。他为官廉正，

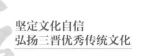

两袖清风。康熙二十三年（1684），于成龙病逝于两江总督任上。各府官员前来吊唁，只见他的房中空空荡荡，只在床头放着一件陈旧的方形竹制容器，内装一件绨袍，还有几只瓦罐。其遗物仅此数件。康熙皇帝评价"于成龙实天下廉吏第一"，亲自为他撰写碑文，赐祭葬，并赐"高行清粹"匾额，赠官太子太保，谥"清端"。

陈廷敬（1639—1712），字子端，号说岩，泽州阳城（今山西阳城）人，清康熙时期名臣。陈廷敬从政五十多年，做过工部尚书、户部尚书、吏部尚书、刑部尚书，官至文渊阁大学士，担任过《康熙字典》总裁官。《清史稿》给他以"清勤"的评价。康熙二十二年（1683），陈廷敬调任都察院左都御史不久，就向朝廷呈奏，主张遏制社会上的奢侈之风。他说"贪廉者，治理之大关；奢俭者，贪廉之根柢。欲教以廉，当先使俭，然而不能遽致者，则积习使之然也"，认为必须倡导节俭之风，"博考旧章"为官民用度定出一个标准来。康熙对此十分赞同，命他负责此事。陈廷敬的清廉不仅体现在他倡导去奢崇俭的清风，也体现在对自己为官清廉的要求上。他虽身居宰辅，但生活上十分节约，他常说"我自长贫甘半饱"，故有"半饱居士"的雅号。对于家人，陈廷敬亦鼓励与教育他们清廉自持。他的弟弟陈廷弼出任临湘（在今湖南）知县，他写诗嘱咐他"慎莫爱轻肥"，要保持俭约的作风。陈廷敬的四弟陈廷愫曾任武安（在今河北）知县，期满后写信给大哥陈廷敬，让他在京城为自己另谋官职，当时已是文渊阁大学士的陈廷敬修书一封，奉劝弟弟不要因跑官而污了清名，不如归田回家安享林泉之乐。陈廷敬一生勤奋好学，勤勉尽责。陈廷敬从政53年间，历经28次升迁，一直做到文渊阁大学士兼吏部尚书，成为康熙朝的一代重臣，被康熙称赞为"宽大老成，几近完人"。

栗毓美（1778—1840），字含辉，山西浑源（今山西浑源）人，清代名臣。他于嘉庆年间以科举入仕，历任河南知县等职。栗毓美精于治水。在任河南山东河道总督期间，他主持豫、鲁两省河务。他因地制宜，采用构筑砖坝、开疏引河等手段，使黄河数年免于水灾，保障了沿岸人民的安居乐业。栗毓美作风简朴，为官清廉。清中期吏治腐败，奢侈之风横行，他却能够做到自奉俭约、廉洁奉公。嘉庆十八年（1813），栗毓美代理西华县时，其幼子栗燿患重症，需陈仓米一斗煎汁和药治疗。时值西华县开仓赈灾，长子栗烜请求取用仓米，栗毓美严词拒绝，认为"灾黎增升斗之米，即享升斗之惠"，且仓米是国家的财物，不能擅自取作私用。

山西历史上能吏廉臣灿若星辰，不可一一尽举。

（三）中国共产党对能吏廉政文化的传承发展

中国共产党在领导革命、建设和改革开放的实践中，高度重视传承和弘扬中国历史上的能吏廉政文化。从坚持和践行党的根本宗旨出发，紧密结合党在各个时期的工作目标和任务，不断丰富和发展能吏廉政文化，对教育培养党员干部，推动形成良好党风、政风和社会风气产生重要作用。

中国共产党历经挫折和磨难，却总能披荆斩棘，砥砺前行，这无疑要归功于党不断加强自身建设而形成的强大生命力。重视纪律和作风建设，历来是党的优良传统，也是中国共产党区别于其他政党的显著标志。建设廉洁政府，是中国共产党自诞生以来就不断追求的政治目标。

在中国共产党发展壮大的历史进程中，始终高度重视反腐倡廉工作。毛泽东反腐倡廉思想内容极为丰富，在抗日战争艰苦阶段开展延安整风，新中国成立前夕，告诫党员干部牢记"两个务必"，营造了清廉氛围，为社会主义建设事业的顺利进行提供了重要保障。毛泽东的廉政思想来源于马克思列宁主义廉政思想，并且汲取了中华优秀传统文化的精华。马克思在《法兰西内战》一文中便提出了建设"廉价政府"的概念，阐明了建设廉洁政府的重要性。列宁在领导苏俄社会主义革命和建设的过程中，也深刻认识到推行廉政对于社会主义建设的重要意义，并形成了一套以严治党、民主监督、制度建设为基础的较为系统的廉政理论，为毛泽东廉政思想的诞生和发展奠定了理论基础。毛泽东廉政思想的另一重要源头是对中华优秀传统文化的批判继承。他通读中华古史，并指出："今天的中国历史是历史的中国的一个发展；我们是马克思主义的历史主义者，我们不应当割断历史。"毛泽东倡导古为今用、人民监督，对于典籍所载的能臣廉吏事迹进行批判性地学习、借鉴以充实党的廉政理论基础。

党的十一届三中全会以后，我国进入改革开放和社会主义现代化建设新的历史阶段，党风廉政建设和反腐败斗争也展现出与以往不同的新形势、新特点。邓小平立足于实现中国社会主义现代化和中华民族伟大复兴的历史任务，运用辩证唯物主义和历史唯物主义的立场、观点、方法，科学地揭示了在新的历史条件下为什么必须反腐倡廉和怎样反腐倡廉这两个根本性问题，分析了党风廉政建设和反腐败斗争的地位、作用、特点和任务，阐明了党内消极腐败现象滋生蔓延的根源，指出了反腐败的方针、原则、途径和基本方法，正确地反映了改革开放和社会主义现代化建设时期党风廉政建设和反腐败斗争的规律性。

2012年11月8日，中国共产党第十八次全国代表大会胜利召开，标志着中国特色社会主义进入了新时代。新时代的中国共产党既面临长期执政、改革开放、市场经济、外部环境的四大考验，又处在百年未有之大变局和中华民族伟大复兴的战略全局之中，这就对中国共产党推进廉政建设提出了更高要求。为了反对形式主义、官僚主义、享乐主义、奢靡之风等"四风"问题，加强干部队伍作风建设，2012年12月，中共中央政治局召开会议，通过了关于改进工作作风、密切联系群众的八项规定：改进调查研究；精简会议活动；精简文件简报；规范出访活动；改进警卫工作；改进新闻报道；严格文稿发表；厉行勤俭节约。2014年10月，党的十八届四中全会正式提出"形成不敢腐、不能腐、不想腐的有效机制"。2017年召开的中国共产党第十九次全国代表大会，将"全面从严治党"写入了中国共产党章程。

2022年10月，习近平总书记在中国共产党第二十次全国代表大会上所作的报告，对国家反腐倡廉工作提出要求："深化标本兼治，推进反腐败国家立法，加强新时代廉洁文化建设，教育引导广大党员、干部增强不想腐的自觉，清清白白做人、干干净净做事。"作为一体推进不敢腐、不能腐、不想腐的基础性工程，廉洁文化建设是遏制腐败、推进全面从严治党的重要内容和路径。在二十届中央纪委二次全会上，习近平总书记强调："要在不想腐上巩固提升，更加注重正本清源、固本培元，加强新时代廉洁文化建设，涵养求真务实、团结奋斗的时代新风。"中共中央办公厅印发的《关于加强新时代廉洁文化建设的意见》指出："必须站在勇于自我革命、保持党的先进性和纯洁性的高度，把加强廉洁文化建设作为一体推进不敢腐、不能腐、不想腐的基础性工程抓紧抓实抓好。"新时代廉洁文化汲取中华优秀传统文化、革命文化、社会主义先进文化中有关廉洁文化成分，集中反映中国共产党人对清正廉洁价值目标的精神追求。在新时代廉洁文化建设中，坚持"两个结合"，借鉴和吸收中华优秀传统文化中的廉政文化思想资源，对于党员干部加强党性修养，陶冶道德情操，永葆共产党人政治本色和为民宗旨有着重要价值和现实意义。

四、能吏廉政文化的时代价值与实践路径

山西能吏廉政文化源远流长，在长期积淀中不断丰富与传承，有着启迪思想、涵养品德的时代价值。新时代推进全面从严治党，需要大力推动弘扬山西能吏廉政文化，挖掘文化内涵，彰显时代价值。

（一）能吏廉政文化的时代价值

能吏廉政文化承载着中华民族一脉相承的人文理念与道德追求。研究我国反腐倡廉历史，考察我国历史上反腐倡廉的成败得失，可以给人以深刻启迪，有利于运用历史智慧推进反腐倡廉建设。

1.助力赓续中华文脉

新时代新征程，我们必须在习近平文化思想指导下，切实担负起在新的起点上继续推动文化繁荣、建设文化强国、建设中华民族现代文明这一新的时代使命。山西能吏廉政文化资源内涵丰富、现实意义显著，挖掘能吏事迹，讲好廉政故事，弘扬廉洁精神和优良传统作风，能够为赓续中华文脉、传承人文精神贡献山西力量。

2.涵养社会主义核心价值观

习近平总书记指出："中华优秀传统文化是中华民族的精神命脉，是涵养社会主义核心价值观的重要源泉，也是我们在世界文化激荡中站稳脚跟的坚实根基。"社会主义核心价值观是中华民族精神的集中体现。"富强、民主、文明、和谐；自由、平等、公正、法治；爱国、敬业、诚信、友善"，这24个字是国家、社会、人民共同的价值追求。山西能吏廉政文化关键在"能"与"廉"，其蕴含的民本、公正、节用、廉洁等思想与社会主义核心价值观的理念要求高度契合。

能吏廉政文化资源是涵养新时代社会主义核心价值观的重要德育资源。"廉者，政之本也。"经历诸子百家的争论、秦汉监察制度的建构，古圣先贤逐渐把"廉"从官吏修养上升为治国理念，到明清时期，廉政建设已有较为成熟的思想制度体系。这些价值观念无论是对国家、民族还是个人都影响广泛，历久弥新，有如源头活水，为社会主义核心价值观的形成发展提供着动力和源泉。

3.提升党员干部的政德修养和人民群众的文化素养

"国无德不兴，人无德不立。"立足新时代，能吏廉政文化有着十分重要的教化功能，有助于党员干部提升政德修养，有助于在全党全社会营造和弘扬崇廉拒腐的良好风尚，从而让腐败失去生存的土壤和环境，保持风清气正的政治生态和社会环境，达到构建清廉政治生态、净化社会风气的效果。

能吏廉政文化有着深厚的历史人文基础。明末清初山西高平的毕振姬，政绩卓著，清廉刚直，任广西按察使期间，不顾病体不分昼夜清理积案，平冤七十余起，虽官至五品，但生活仍十分节俭，"黄埃、黑灶、瓦灯、布被"，一仆一马，粗衣躬耕，被人们尊称为"坚毅先生"。我们要认真落实廉洁自律、廉洁从政、廉洁用权、廉洁修身、廉洁治家等要求，借鉴历史经验、运用历史智慧推进新时代廉政文化建设，将廉洁价值观念与道德准则潜移默化地融入理想信念教育中。

4.夯实全面从严治党根基，一体推进"三不"反腐体系和机制

弘扬能吏廉政文化，既是夯实全面从严治党的道德基础的必然要求，又是当前一体推进不敢腐、不能腐、不想腐的现实举措。"不敢腐""不能腐""不想腐"必须三者同时发力、同向发力、综合发力。其中"不想腐"是根本，要靠加强理想信念教育，靠提高党性觉悟，靠涵养廉洁文化。这就需要把历史上能吏廉吏的殊勋茂绩、清正品格提炼为夯实思想根基的精神力量，充分发挥文化润物细无声的作用，实现"不想腐"的治本目标。

我国反腐倡廉的历史经验和教训有着不可忽视的借鉴价值。历史上各个朝代都有关于选官、考核、监察等方面的制度设计。如汉代的《传食律》，对官员执行公务时的交通、食宿作出规定，较为有效地限制了地方官员的贪污腐化；清代实施了火耗归公和养廉银制度，一度缓解了贪污腐败之风的盛行。这些历史上的廉政制度，从治理理念和具体规定，对加强反腐倡廉制度建设都有着有益借鉴作用。

5.推动中华优秀传统文化的创造性转化和创新性发展

能吏廉政文化熔铸于中华文明的五千多年积累中，成就于智慧先贤的思想求索中，承续着天下为公、克勤克俭的理念，有历久弥新的时代价值。要从中华优秀传统文化中寻找源头活水，推动中华优秀传统文化创造性转化和创新性发展，为民族复兴立根铸魂。

山西历史上产生过许多彪炳史册的清官廉吏。这一清官廉吏群体有着廉洁自守、勤政爱民的政治品质，有着激浊扬清、不惧权贵的过人胆识，有着为官清正、执法如山的职业品德，有着敬业务实、一心为公的价值追求。这一清官廉吏群体，所彰显出的具有浓郁地方特色的能吏廉政文化，无疑是山西宝贵的传统文化资源和思想源泉，应当注重挖掘弘扬，赋予其新的时代内涵。

（二）能吏廉政文化的融合发展

党的十八大以来，按照党中央部署，山西省深入开展党风廉政建设和

反腐败斗争，在全面从严治党向纵深推进的实践中，深刻把握山西反腐败斗争阶段性特征和地域特点，制定一体推进"三不腐"实施意见，多举措开展"不想腐"思想教育，把弘扬能吏廉政文化作为党风廉政建设的重点工作，立足底蕴深厚的能吏廉政文化资源，采取教育警醒、文旅融合、文创融合、文艺融合等多种形式，积极推动能吏廉政文化的创造性转化和创新性发展。

1.教育警醒

2012年以来，全省多次召开警示教育会，通报典型案件，摄制播放全面从严治党宣传片和警示教育片，及时发布审查调查处置信息，公布巡视巡察进驻、反馈和整改情况，各级党组织每年召开专题民主生活会、在党校干部培训主体班次开设典型案例警示教育课会等方式，让党员干部增强法纪意识，消除侥幸心理，认识到"手莫伸，伸手必被捉""天网恢恢，疏而不漏"。强化群众监督、舆论监督和审计监督，持续营造全面从严治党良好社会舆论氛围。大力传承弘扬太行精神、吕梁精神、右玉精神，组织各级党员干部参观山西省党风廉政教育基地展馆，常态化开展党风党纪

山西省党风廉政教育基地

教育。

2.文旅融合

山西能吏廉政文化资源分布广、体量大，各地不断挖掘，创新表现形式，进行文旅融合实践。夏县司马温公祠是4A级景区，通过挖掘整合司马光"勤、诚、俭、廉"文化，打造了司马温公祠"廉旅"融合基地，创建独具地方特色的廉洁文化品牌。夏县纪委监委牵头编排了廉旅融合情景剧《镜之光·莲之旅》，通过警枕十载编《通鉴》、诚信卖马葬发妻等故事，让游客感受司马光"爱民如子、清正廉洁"的品格。万荣县利用薛瑄故居、纪念馆等文化景观，打造薛瑄廉政文化园。方山于成龙廉政文化园是集廉吏故里、廉政文化、廉政教育、廉政产业为一体的全国首家廉政文化主题园区，是廉政文化的展示平台、研究基地。晋祠博物馆开设了"晋祠博物馆清官廉吏展"，集中展示了西门豹、尹翁归、狄仁杰、柳宗元、司马光、于谦、于成龙、安清翘、杨深秀等与山西有关的杰出廉吏的事迹。

3.文创融合

山西拥有得天独厚的红色廉政资源，近年来不断加强廉洁文化资源的挖掘利用，充分挖掘党史故事、历史典籍、经典诗词、人物传记、家风家训等蕴含的廉洁元素和历史意蕴，创作出具有山西时代风貌的廉洁文化展品。各地深耕人文沃土，创新打造能吏廉政文化产品，不断探索能吏廉政文化发展的新路径，推动能吏廉政文化与地方特色文化资源的融合创新。比如，方山县深入挖掘、创作、展示于成龙优秀廉政文化，打造富有深刻寓意的清廉方山主题Logo，推出浓郁地方特色的纸雕灯、冰箱贴、书签、笔筒、鼠标垫、扇子等廉政文创产品。

4.文艺融合

近年来，山西省委宣传部组织创作了40集电视剧《于成龙》、制作于成龙《示亲民官自省六戒》系列动漫影像，制作"国学大师口述《裴氏家风》"系列廉政视频，以大众化文艺作品促进廉政文化深入人心。

　　山西省纪委监委、省委宣传部联合组织制作了廉政题材话剧《于成龙》，讲述于成龙就任直隶巡抚期间为民请命、惩治贪官污吏，始终坚守"自省六戒"的故事，是我省大力挖掘能吏廉政文化，纵深推进全面从严治党的精品力作。新编历史晋剧《于成龙》展示了于成龙忧国忧民的清官形象，具有很强的时代感和现实教育意义。

　　运城市深入挖掘当地廉政文化资源，创作拍摄了一批精品剧目，如

话剧《于成龙》剧照

《铁汉公薛瑄》《铁面御史姚天福》《大明廉吏曹于汴》。晋城市阳城县精心编排了以杨继宗、张好古、陈廷敬三位能官廉吏为题材的清廉剧目；编写了《廉洁文化润阳城》一书，选录介绍了杨继宗、陈廷敬、张敦仁等40余名具有典型意义的历史人物。新编晋剧《打虎记》刻画了清代廉吏梁中靖不畏艰难、主动作为、爱民为民的廉吏形象。此外，晋剧《王家屏》《名疏记》、蒲剧《巡盐御史》等文艺作品相继推出，有效营造了反腐倡廉的浓厚氛围。

（三）能吏廉政文化的弘扬路径

我们必须大力传承弘扬山西能吏廉政文化，为打造风清气正、干事创业的政治生态贡献文化力量。

1.传承中华优秀传统文化，铸牢理想信念根基

文化是凝心铸魂工程，要立足培元固本，自觉肩负起传承发展中华优秀传统文化的历史责任，从革命文化、社会主义先进文化和中华优秀传统文化中汲取营养，传承好、运用好能吏廉政文化的思想精髓，切实发挥能吏廉政文化铸魂育人作用，推动中华优秀传统文化创造性转化和创新性发展。一是深入挖掘、系统梳理山西能吏廉政文化，加强与之相关的历史档案、典籍文献、文物古迹、革命旧址等保护利用，在全面实施文物整体保护的基础上加强对能吏廉政文化的挖掘研究与传承利用，实现能吏廉政文化的载体化。二是推动能吏廉政文化与红色文化、非物质文化遗产、地方特色文化等的深度融合，坚持以人民为中心的工作导向，推动红色廉洁文化的传承与发扬，把能吏廉政文化同人民喜闻乐见的非遗文化、民间文艺结合起来，力争取得潜移默化、润物无声的效果。

2.构建多层次能吏廉政文化阵地，营造风清气正的社会风气

阵地建设是弘扬能吏廉政文化的重要基础工作，必须统筹多方面资源，动员多层次力量，充分发挥廉洁文化阵地的作用，弘扬能吏廉政文化。一是进一步加强能吏廉政文化研究，构建研究阵地。以习近平总书记关于党风廉政建设、廉洁文化建设的重要论述为指引，发挥好省社会科学

院（省政府发展研究中心）、省委党校（山西行政学院）、省委党史研究院（省地方志研究院）、省档案馆等研究机构和专家学者的作用，设立能吏廉政文化专题研究项目，形成一批有深度的研究成果。二是守正创新开展能吏廉政文化宣传，构建传播阵地。发挥媒体宣传报道的优势，采用微信、微博、短视频等新媒体方式和VR、AR、元宇宙等新技术手段，持续拓宽宣传载体，延伸文化浸润空间，打造"线上+线下"多渠道、多层次、多元化、立体式传播阵地，让能吏廉政文化融入日常生活。三是发挥能吏廉政文化铸魂育人作用，构建教育阵地。强化廉洁教育的有效性和差异性，在各级党校（行政学院）、山西干部在线学院等干部教育培训课程中融入能吏廉政文化。

3.推出高质量能吏廉政文化成果，打造山西能吏廉政文化名片

打造特色鲜明、思想精深、艺术精湛、贴近群众的山西能吏廉政文化亮丽名片，组织策划推出一批经得起历史、实践检验的高质量研究成果。讲好能吏廉政代表人物勤政爱民、兴利除弊、廉洁务实的廉政事迹，推出系列丛书、微电影、戏剧、话剧、动漫等传统文化产品及H5、长图、短视频等新媒体产品。精心引导能吏廉政文化作品创作，鼓励广大文艺工作者将山西能吏廉政文化融入艺术创作，深入挖掘家风家训等文化元素，打造具有辨识度的影视、剧目、小说等文艺作品，推出一批叫得响、立得住、传得开的廉政文化精品力作。向全社会征集以廉政文化为主题的微视频、短纪录片、书画、诗歌等作品，营造全党全社会崇廉尚廉守廉的氛围和风尚，让清廉价值理念浸润人心、砥砺品格。

4.建设高水平能吏廉政文化基地，打造多点位能吏廉政文化品牌

山西省有许多廉洁教育场所，特别是山西省党风廉政教育基地，集理想信念、党纪国法和案例警示教育于一体，有效发挥了坚定信仰信念、加强纪法教育、强化警示震慑、弘扬廉洁文化的主阵地、主平台优势。下一步，要立足山西资源优势，探索能吏廉政文化与红色文化、乡村振兴、文旅融合发展的结合点和着力点，打造具有山西特色的能吏廉政和红色文化

精品品牌。一是整合全省能吏廉政文化资源，统筹全省廉政教育基地、爱国主义教育基地、党员教育培训基地、纪念馆、展览馆等机构，因地制宜设立能吏廉政文化展示阵地，充分运用数字化、新媒体技术推动能吏廉政文化资源数字化，打造VR全景"云"上展厅，不断提升展陈质量，讲好廉政故事，丰富廉政文化优质产品供给，扩大其影响力和辐射面。二是依托山西底蕴丰厚的能吏廉政文化资源，拓展表现形式、创新宣传手法，打造多元化、多点位能吏廉政文化品牌。发挥司马光、于成龙等能吏廉政文化资源优势，依托A级旅游景区，打造能吏廉政文化旅游景区，开发相关文创产品，推出多个文化旅游研学基地、精品线路，把清官廉吏故居、纪念馆、文化园等串珠成链，增强廉政教育的针对性和有效性。

5.构建全方位反腐倡廉制度文化，把全面建设清廉山西推向纵深

积极构建全方位反腐倡廉制度文化，坚定不移把全面建设清廉山西推向纵深。一是统一谋划，把弘扬能吏廉政文化融入党风廉政建设和反腐败工作布局，把政德教育贯穿党内政治生活、教育培训中，坚持从严监督管理和鼓励担当作为相统一，精准落实"三个区分开来"，科学运用"四种形态"，以监督执纪导向激励党员干部担当尽责。二是结合实际，把弘扬能吏廉政文化融入日常工作，把弘扬能吏廉政文化与基层社会治理、净化政治生态结合起来，找准结合点、抓住着力点，为一体推进"三不腐"营造风清气正的社会氛围。三是广泛动员，把弘扬能吏廉政文化融

山西省晋绥边区革命纪念馆

入清廉单元创建，推动清廉文化进机关、进企业、进学校、进医院、进社区、进农村，与企业文化建设、美丽乡村建设有机结合，让清廉文化覆盖各行各业。

总之，我们要坚持马克思主义唯物史观，坚持"两个结合"，立足山西悠久历史文化、红色革命文化、廉政文化资源，紧紧围绕山西能吏廉政文化的意义地位、内涵特征、历史演进与现实作用、时代价值、发展路径等方面，对蕴藏在三晋大地上的重要资源进行全方位、多维度、系统性探寻、发掘、提炼，切实传承弘扬能吏廉政文化，营造风清气正、为民务实、守正创新、担当作为、崇德尚廉、崇廉拒腐的良好道德风尚和社会氛围。

"能吏廉政文化篇"编写组：高春平　韩雪娇　白妍　梁鹏伟　王博洋

晋商诚信文化篇

晋商诚信文化篇

明清时期，晋商纵横欧亚九千里，称雄商界五百年，成为全国各大商帮的翘楚。作为诞生在三晋大地的商人群体，晋商不仅开创了中国历史上的商业奇迹，也为后人留下了丰厚的文化遗产。2022年1月，习近平总书记在考察调研山西平遥时指出，"要坚定文化自信，深入挖掘晋商文化内涵，更好弘扬中华优秀传统文化，更好服务经济社会发展和人民高品质生活"，为深入阐释和践行晋商诚信文化提出了要求，指明了方向。

一、晋商诚信文化的意义地位

诚信是立身处世之本，是现代社会关系中必须遵循的基本规范，蕴含着中华优秀传统文化的思想精髓。新时代新征程上，继承和弘扬晋商诚信文化，是贯彻"第二个结合"的重要体现，有利于为建设社会主义现代化强国和实现中华民族伟大复兴提供重要的精神动力。

（一）晋商诚信文化是中华优秀传统文化的重要组成部分

晋商诚信文化根植于三晋优秀传统文化，发展于山西商人长期的经营实践，是中华文明的瑰宝。2017年6月，习近平总书记在山西考察调研时指出："山西自古就有重商文化传统，形成了诚实守信、开拓进取、和衷共济、务实经营、经世济民的晋商精神。"诚实守信作为晋商精神的思想内核和晋商文化的精髓，体现了中华优秀传统文化的内在要求。

1.根植于中华优秀传统文化

"仁、义、礼、智、信"是中国儒家道德体系的基本思想观点，塑造了中华文化的独有特征以及中华民族的精神特质，成为中华传统文化中的核心价值理念。儒家"五常"中的"信"是一种重要的道德范畴，一般人们习惯将"诚"和"信"连起来使用，意为言行一致、表里如一、真诚无欺。晋商诚信文化是在商业活动中形成的一种价值观和行为准则，也是中华传统文化中商业伦理的重要组成部分。它发扬了中华传统文化的核心价值观，根植于中华民族的文化根脉，其蕴含的思想观念、人文精神、道德规范是中国人思想和精神内核的重要体现。

诚信是中华民族长期形成并积淀下来的道德意识和行为规范，具有鲜明的历史意蕴、精神特质和时代价值。在儒家思想中，诚实守信一以贯之，由道德观念升华为理想信念，指导当时的社会实践，融入人们的日常生活，从而成为社会公德和法律准则的一部分，如我国的语言体系里就有大量"一言九鼎""一诺千金""一言既出，驷马难追"等饱含诚信精神的成语。在几千年的历史长河中，许多诚信人物及故事广为传诵。党的十八大以来，习近平总书记在不同场合对诚信的重要性作了多次阐述，指出"中国人历来讲求'一诺千金'"，强调"把守法诚信作为安身立命之本"，"自觉讲诚信、懂规矩、守纪律，襟怀坦白、言行一致"。晋商作为中国历史上重要的商人群体，秉持传统诚信文化的价值观念，并将其应用到商业实践中，注重商业道德和行为规范，坚持诚实守信、遵守契约、讲求信义，建立了广泛的商业网络和信用机制，形成了富有特色的晋商诚信文化，在社会各界赢得了广泛的认可和尊重。

2.生长于长期的商业实践

"人而无信，不知其可也。"晋商诚信文化源远流长，它扎根于晋商的商业实践和经验，不仅体现在商业家族内部的传承，也通过商人群体的互动和交流在民间广泛传播。

晋商在中国历史上有着重要的地位，他们以商业活动为主要渠道，通过世代经营积累了丰富的商业智慧和经验。晋商家族通过相互信任和合作，建立起了庞大而稳固的商业帝国。在这种商业模式中，晋商注重家族荣誉和声望，他们通过诚信守信、讲究信义赢得了客户和商业伙伴的信任。诚信文化深深植根于晋商的血脉之中，代代相传，逐渐成为晋商群体的共同价值观和行为准则。

晋商群体在社会中具有较高的认同感和凝聚力，他们通过组织晋商会馆等形式，加强了彼此之间的联系和交流。在这个过程中，晋商诚信文化得到了传承和弘扬，成为全社会共同认可的价值目标。

3.体现着中国人可贵的精神品质

"诚者，天之道也；思诚者，人之道也。"诚信贯穿于中华传统文化的方方面面，是中国人可贵的精神品质和宝贵的精神财富。中华传统文化强调诚信、忠诚和正直，这些品质被视为高尚的道德准则。商业活动中，诚信是建立商业信誉和维护商业关系的基石；日常生活中，诚信更是人与人之间相处的基础。

晋商诚信文化所体现的价值观和行为准则，强调诚实守信、遵守契约、讲求信义，这些都是中国人传统的美德和行为规范。诚信文化的继承和弘扬，有助于激励人们坚守诚信，树立正确的商业道德观念，构建和谐的商业关系。晋商诚信文化所强调的诚信精神，是中国人民可贵的精神品质之一，也是中华传统文化的重要组成部分。这种诚信精神不仅对个人品德的塑造具有重要意义，也有助于推动经济的健康发展，促进社会的和谐稳定。

（二）晋商诚信文化是马克思主义与中华优秀传统文化相结合的生动体现

晋商诚信文化中蕴含着中华优秀传统文化的思想精髓。继承和弘扬晋商诚信文化与新时代马克思主义中国化时代化的精神内核高度一致，是理解和把握"两个结合"的生动范例，也是践行社会主义核心价值观的有效举措。

1.理解把握"两个结合"的生动范例

2021年，习近平总书记在庆祝中国共产党成立100周年大会上提出："把马克思主义基本原理同中国具体实际相结合、同中华优秀传统文化相结合。"党的二十大报告指出："中国共产党人深刻认识到，只有把马克思主义基本原理同中国具体实际相结合、同中华优秀传统文化相结合，坚持运用辩证唯物主义和历史唯物主义，才能正确回答时代和实践提出的重大问题，才能始终保持马克思主义的蓬勃生机和旺盛活力。"

马克思主义在中国的创新与发展，离不开其与中华优秀传统文化的融通契合。中华优秀传统文化的发扬传承，需要用马克思主义激活其中富有生命力的优秀因子并赋予新的时代内涵。因此，晋商诚信文化作为中华文明的重要组成部分，为实现"第二个结合"提供了宝贵的文化资源，对推进中国式现代化具有重要的现实价值。

2.培育践行社会主义核心价值观的有效举措

习近平总书记指出，"社会主义核心价值观是凝聚人心、汇聚民力的强大力量"，"用社会主义核心价值观铸魂育人，完善思想政治工作体系，推进大中小学思想政治教育一体化建设。坚持依法治国和以德治国相结合，把社会主义核心价值观融入法治建设、融入社会发展、融入日常生活"。晋商诚信文化与社会主义核心价值观具有内在联系，其恪守的诚信理念，是社会主义核心价值观的重要内涵之一。它强调的忠诚无欺、诚信为民、互助奉献等精神与社会主义核心价值观一脉贯通，与社会主义核心价值观的价值取向一致，具有重要的现实意义。这些价值观都以人为本，强调社会责任和奉献精神。发扬晋商诚信文化，有助于促进社会公平正义的实现，有助于推动社会主义核心价值观深入实践和广泛传播。

世界文化遗产——平遥古城

（三）晋商诚信文化是实现高质量发展的文化支撑

高质量发展是全面建设社会主义现代化国家的首要任务。高质量发展需要建立健康、稳定和可持续的商业环境，晋商诚信文化能够为构建市场化、法治化、国际化的营商环境提供文化支撑。

1.企业生存和发展的重要保证

2020年7月，习近平总书记在企业家座谈会上指出："法治意识、契约精神、守约观念是现代经济活动的重要意识规范，也是信用经济、法治经济的重要要求。企业家要做诚信守法的表率，带动全社会道德素质和文明程度提升。"诚信是企业生存发展的基石。我国已建立较为完善的市场诚信体系和法律监督机制，但由于种种原因，还存在着一些企业不诚信、钻法律空子等现象，一定程度上影响了市场秩序。

继承和弘扬晋商诚信文化，有利于促进企业家形成良好的企业经营理念，进而推动企业高质量发展。企业家要始终将诚信守法作为经营活动中一项基本的准则、必备的素质、必须承担的责任。在认真经营、努力发展壮大硬实力的同时，遵纪守法、诚实守信，为营造良好的市场环境作出贡献。

继承和弘扬晋商诚信文化，有利于建立良好的企业信誉，进而提升企业品牌价值。晋商诚信文化注重言行一致，讲究品牌信用和企业信誉，强调遵守承诺、恪守信义。这种商业基因是企业长期发展的基础，可以增加消费者对企业的信任度，为企业赢得更多的市场份额，进而提升企业品牌的知名度和美誉度。从现实层面来看，消费者更愿意选择那些具有诚信文化背景的企业产品和服务。

继承和弘扬晋商诚信文化，有利于促进市场主体的合作共赢。晋商诚信文化强调以诚相待、诚实守信，注重维护合作伙伴间的利益平衡和互利共赢。这种诚信文化有助于建立稳定的合作关系，推动产业链上下游企业之间的合作，促进企业间资源共享、优势互补，实现合作共赢。

继承和弘扬晋商诚信文化作为促进企业发展的必须之策，不仅有助于企业外部形象的树立和市场竞争力的提升，更重要的是能够在企业内部塑造和谐稳定的经营环境，激发企业诚信守法的内生动力，使诚信守法成为企业的一种自觉行为。

复盛公始创于1801年，发源于山西祁县，是晋商诚信文化的杰出典范

2.构建高水平社会主义市场经济体制的内在要求

诚信是社会主义市场经济体系建设的基石。社会主义市场经济是信用经济、法治经济，法治意识、契约精神、守约观念是现代经济活动的重要意识规范，一个诚信的市场环境可以增加市场主体的相互信任，提高市场交易的透明度和公正性，有效降低市场风险和交易成本，使市场机制更加健康、有序、高效地运行，更为有力地激发各市场主体活力。因此，加强诚信建设是构建社会主义市场经济体系的必要条件和重要任务。大力弘扬诚信文化，积极营造诚信经营、守信践诺的市场环境，不断完善社会信用体系，是社会主义市场经济健康发展的坚实基础。

继承和弘扬晋商诚信文化，有助于推动市场经济规范化发展，建立公平的市场环境。晋商诚信文化是市场经济规范运行的重要保障。在市场经济中，企业间的交易和合作建立在信任和信誉的基础上，它们的合法权益应得到充分的保护。晋商诚信文化强调遵守承诺、讲究信用和信誉，注重维护合作伙伴间的利益平衡和互利共赢，有助于建立公平竞争的市场环境。在公平竞争的市场环境下，企业可以更好地发挥自身优势，提高产品和服务质量。

继承和弘扬晋商诚信文化，有助于促进社会主义市场经济体制下各市场主体创新发展。晋商诚信文化提倡诚实守信、敢于创新，有助于各市场主体在竞争中不断挑战自我、创新发展，激发企业诚信守法的内生动力。

总之，弘扬晋商诚信文化可以为社会主义市场经济健康持续发展提供重要条件。在规范市场经济、提高消费者信任度、建立公平竞争环境、创新发展和促进社会和谐稳定等方面，晋商诚信文化都能够起到重要的推动作用，为社会主义市场经济的健康、可持续发展提供重要保障。

3.推进高水平对外开放的重要抓手

诚信者，天下之结也。17至20世纪的中俄茶叶之路是继"丝绸之路"之后联通欧亚大陆的又一贸易通道，在长达300年的时间跨度内，中俄之间茶叶贸易长盛不衰，其中诚信发挥了举足轻重的作用。在国际贸易中，诚实守信是企业能否赢得国际合作伙伴信任的重要因素，继承和弘扬晋商诚信文化，有益于增强国际竞争力，有助于企业在国际市场上树立良好形象。

继承和弘扬晋商诚信文化，有益于促进跨国合作与投资。在国际合作与投资中，诚信文化可以增加合作伙伴对企业的信任度，推动跨国合作与投资的顺利进行。中国是世界第二大经济体，拥有4亿多人口的中等收入群体，是对全球有巨大吸引力的超大规模市场。以诚信建设为基础，持续打造市场化、法治化、国际化的营商环境，中外企业将会获得更加公平公正的市场秩序，高水平对外开放成效也会更加显著。

继承和弘扬晋商诚信文化，有益于建立与巩固国际贸易伙伴关系。在国际贸易中，诚信是国内企业与国际合作伙伴建立长期稳定的合作关系的关键。在百年变局加速演进的背景下，中国始终顺应经济全球化发展大

山西省晋中市榆次区常家庄园

势，坚持对外开放基本国策，积极参与多双边区域经贸合作，坚定维护多边贸易体制，在贸易投资、数字经济、绿色低碳等领域国际规则制定中提出中国主张、中国方案。晋商诚信文化强调维护合作伙伴间的利益平衡和互利共赢，有助于建立稳固的国际贸易伙伴关系，努力推动全球治理体系朝着更加公正合理的方向发展，扩大各国互利共赢，为建设更加美好的世界贡献中国力量。

二、晋商诚信文化的内涵特征

晋商诚信文化是中华优秀传统文化的重要组成部分，也是社会主义市场经济健康发展的必备要素，与社会主义核心价值观在多维度、多层面上契合。在新时代传承与发展晋商诚信文化，必须深刻认识晋商诚信文化的基本内涵、核心理念和主要特征。

（一）晋商诚信文化的基本内涵

诚信是各个文明都倍加珍视的重要价值，而晋商更是把诚信作为商业活动的基本准则。晋商诚信文化源自中华文化内诚外信的传统，有着丰富而深刻的内涵。

1.中华传统价值体系中的诚信观

中华传统诚信文化在道德范畴上有几种不同的内涵，其一是诚实无欺，其二是真诚待人，其三是守信承诺。这既指向主体，也指向客体。诚实无欺即于人于己均不相欺。于人不欺，始有信任与尊重，行事方有效可言；于己不欺，始能表里如一，堂堂正正立于天地之间，"不可外貌诈作好、恶，而内心实不好、恶也"。儒家经典著作《大学》倡导人们"慎独"自律，其本质就是在任何状态下，都应诚实无欺，不仅要求人们消除欺骗他人的行为，而且要求人们消除欺骗他人的念头。真诚待人，表现在语言和行动上就是说到做到，兑现不了就不要轻易许诺，否则，就成了欺骗；在言行关系上，更看重的是行动，只有行动最能说明问题，说得好不如做得好。孔子说："始吾于人也，听其言而信其行；今吾于人也，听其言而观其行。"守信承诺，主要强调行动方面，可以理解为"践约"，即言必信，行必果。

人无信不立，国无信则衰。"诚""信"二字最早见于战国时期的金文。《说文解字》解释："诚，信也。""信，诚也。"诚与信，实际意义相通。"诚"注重自我修养的提升，"信"注重外在行为的表现。最早将诚与信二者连起来使用的，是春秋时期法家的管仲。《管子·枢言》中说："先王贵诚信。诚信者，天下之结也。"管仲突出了诚信的重要性，明确将其看作天下伦理秩序的基础。诚信文化在传承中不断丰富和发展，成为中国社会共同的价值追求和道德规范。

在中华传统道德体系中，"诚信之德"是传统伦理的结合点。一方面，诚信之德具有内发性。诚信对成就理想的人格有着非同寻常的意义，诚信为善是履行各种道德规范的前提。另一方面，诚信之德又具有扩展性。它产生于主体之内，又向外可以扩展成仁、义、礼、智、信等多种道德，它是众多人成就理想人格的起点。儒家视诚信为进德修业之本、立人立政之本。儒家典籍《大学》明确提出，只有意诚心正，才能进一步实现修齐治平。可见诚信在中华传统文化道德中的地位和作用之重。无论是待人接物，还是经商理财，抑或治国理政，都离不开诚信。

2.明清晋商诚信文化的内涵

明清时期，社会上出现了"儒商合流"。商人用儒家的诚信文化规范其商业行为，或者把儒家诚信伦理作为工具运用到商业经营活动中，从整体上提升了商人的文化素养和经营水平。明代谢肇淛的《五杂俎》对晋商王文显给予了高度评价："夫商与士，异术而同心。故善商者，处财货之物而修高明之行，是故虽利而不污。善士者，引先王之经，而绝货利之经，是故必名而有成。故利以义制，名以清修，各守其业，天之鉴也。如此则子孙必昌，身安而家肥矣。"其背后正是反映了儒家文化与商业文化的高度融合。

晋商经过长期发展，逐渐形成了"以诚待人""以信服人""投之以桃，报之以李"的商业道德和文化准则。以诚信经营、以义制利、同舟共济、开拓进取为代表的经营理念是晋商诚信文化的基本内涵。晋商视诚信为生命，认为诚信是商业活动的基础。在商业实践中，晋商始终坚持守信用、重承诺，不欺骗顾客，不失信于人，不卖假货，公平竞争。这种诚信经营的理念为晋商赢得了良好的商业信誉，为商业活动提供了坚实的保障。而且，晋商的诚信经营不仅体现在商业交易的公平、公正方面，还体现在企业的道德和社会责任上。他们认为信誉是一个企业的生命线，是赢得客户信任的关键。因此，在进行内部管理时，晋商制定了严格的商业规范和制度，确保企业诚信经营的行为得到有效监管；在培养员工时，晋商进行诚信教育并建立激励机制，确保员工在工作中坚持诚信原则；在选择合作伙伴时，晋商优先考虑那些信誉良好的企业，确保合作伙伴和客户的互利共赢。

义利之辨是晋商必须面对和处理的哲学命题。晋商坚信"财自道生，利缘义取"，强调经商必须以义为先，以义求利。他们将经商视为一种对社会有益的事业，而非单纯追求利润的行为。这种"以义制利"的观念使晋商在商业活动中始终保持高度的道德水准和社会责任感。晋商深知商业活动并非孤立存在，而是与各方利益密切相关。因此，他们坚持与合作伙伴、顾客和同业同仁保持和衷共济的精神，共同应对商业挑战。这种和衷共济的精神使晋商在商业竞争中占据了优势地位，并为他们的商业合作提供了强大支持。他们不畏艰难，勇往直前，不断拓展商业版图，其守正创新的精神和勇气，表明晋商敢于冒险尝试新的经营领域和市场。

总之，晋商诚信文化的内涵是诚信经营、以义制利、同舟共济、开拓进取。要不断将晋商诚信文化与现代的商业理念和价值观相结合，以适应现代社会和市场经济的需要，在精神层面和现实层面发挥更大的价值。

（二）晋商诚信文化的核心理念

诚信是立业之纲、兴业之要。晋商把中华传统文化延伸到商业行为中，利用传统儒家文化建立自己的激励和约束机制。正是在这一过程中，晋商形成了独有的文化品质。这些诚信实践产生于不同环境下，体现在不同群体、不同个人的实践中，具体内容各有不同，特点各异。但综观起来，在所有这些实践中，都无一例外渗透着共同的核心理念，即义利兼顾、信义为先的关公崇拜，诚信不欺、自强不息的实践品格，顾全大局、经世济民的家国情怀。

1.义利兼顾、信义为先的关公崇拜

山西商人对关公普遍崇拜，把其神格提升到至高无上的地位。如果说神话传说的增多、历史遗物的出现、祠堂庙宇的普建、神坛造像的定型、祭祀日期的确定、关氏家族的扩充等都是对关公崇拜的体现的话，那么晋商在其中应该发挥了不可或缺的重要作用。而晋商关公崇拜的主要原因是，关公具备中华传统文化中的许多优秀品质，这些品质是晋商所追求和倡导的。因此，晋商把其塑造为儒家文化和商业伦理相结合的至高典范。

具体而言，晋商利用关公行义的故事激励自己，以其信义教育同行，希冀以其武功护卫利润。据老商人回忆，山西人每到一地经商，一经发展，先修关帝庙。仅清末规模不大的归化城就有7座关帝庙，其目的就是请这位"神威广大"的神灵，日夜监督他们的全部商业交往活动甚至精神世界，杜绝违背信义的事情发生。同时，他们也教育后代，经商取利不忘义，利以义出，财自道生。这是中华传统文化义利关系的精髓，也是晋商诚信文化的核心要义。

2.诚信不欺、自强不息的实践品格

诚信不欺，从道德层面来讲，是指晋商奉行"恪守承诺、不欺瞒、不欺骗"的核心主张；从商业层面来看，是指晋商要求从业者"义利并重""取之有道"，从而构建和谐的商业文化。可见，晋商诚信文化将道德与商业完美地融合到了一起，在商业活动过程中，既注重商业利益的获取，同时更关注基本的伦理道德规范，以义制利、以理服人，依靠诚信来实现商业的繁荣发展。

　　自强不息，从实践层面来说，是一种脚踏实地的劳作，是一种把理想变为现实的艰苦行程。正是依靠坚忍不拔的实践品格，晋商在经商实践中战胜了许多无法想象的苦难，从而在大漠风沙、崇山峻岭、浩瀚大海之间，走出了一条条沟通四海财富的商业之路。晋商的活动区域，南自香港、加尔各答，北到伊尔库茨克、西伯利亚、莫斯科、彼得堡，东起大阪、神户、长崎、仁川，西达塔尔巴哈台、伊犁、喀什噶尔，在广袤的欧亚大地上，都有晋商长途跋涉的身影。晋商经营的范围包括盐业、粮食业、棉布业、丝绸业、煤炭业、铁货业、木材业、干鲜果业、饮食业、典当业、铜业、洋货业、账局、票号业等等，这种百业经营，需要具备百业的知识与经验。而晋商正是凭借自己的诚信、勤劳与智慧，持之以恒，久久为功，积累了丰富的经营经验，从而成为这些行业的佼佼者。

晋商恰克图茶叶交易市场

3.顾全大局、经世济民的家国情怀

家国情怀是中华传统文化的重要组成部分，贯穿于中华民族数千年文明发展进程中。修身、齐家、治国、平天下是儒家倡导的人生目标。"先有国后有家"，商人在发展的过程中也是如此。无论是久经商场的掌柜，还是初出茅庐的学徒，传统商人在经商过程中都以国家利益为根本。

作为儒商的晋商是"顾全大局、经世济民"家国情怀的坚定信奉者

近代实业家渠本翘塑像

和诠释者。晋商强调重仁义、讲诚信、行大道、舍利积德、行商济世，不仅创造了"财雄天下""海内最富"的商业辉煌，而且造就了一批批思想境界高尚、人格修炼健康、精神追求远大的商魁巨贾和社会精英。他们从财富来时得修炼、财富去处获顿悟，每临家国大事都能以无私无畏的心态面对公众与社会，为推动国家和民族的历史进步作出贡献。

晋商具有爱国热情，积极参与国家的事务活动，捐钱出人都比较踊跃。尤其是近代以来的山西商人，他们以殷实、雄厚、团结的群体力量和忠诚、信义、互济的协作精神，为山西民族工业的开创作出了贡献。

山西票号印章，上刻"来者票信两符依数给付，倘有遗拾冒取毋给追原"，代表了晋商对顾客的信誉和承诺

在连年战乱、社会衰败的时代，汇通天下、货通天下、诚行天下不仅是一代代晋商的商业理想，更是服务天下、为国为民的责任使命。在这种情怀的驱动下，他们将视野投射到了更广阔的天地，将无数代晋商的目标上升为心怀天下、兼济万民的人生志向。晋商诚信文化所反映的，不仅是经商意义上的成功，更是中华传统文化的生动实践。

（三）晋商诚信文化的重要特征

家庭教育与商业教育相结合的教育模式，制度建设与人才保障并重的经营理念，守正笃实与开拓创新兼顾的经营模式，共同构成了晋商诚信文化的主要特征。这三大特征是对晋商发展史的提炼和浓缩，是山西商业文化的象征和精神内涵，给三晋大地留下了深远影响。

1.家庭教育与商业教育相融

习近平总书记指出："家庭是人生的第一个课堂，父母是孩子的第一任老师。"孩子们从牙牙学语起就开始接受家教，有什么样的家教，就有什么样的人。家庭教育涉及很多方面，但最重要的是品德教育。因此，家庭教育首重德育，诚实守信等素质的培养是立身之本。

晋商非常重视对后代的家庭教育，不少晋商家族都设有私塾，定有家训和家规。他们重学的同时不轻商，重商的同时也不轻教育，学为经商之才培养基础，商为向学之人提供条件。晋商商业的发展以家族为中心，其经济实力的增强以家族的兴盛为依托，它的发展需要具有极高综合素质的后继者，要求后继者接受广泛教育。因此，晋商对后辈儿孙教育格外重视，希望子弟能够汲取各种传统文化典籍中的精华，为壮大其家族经济实力作贡献。而且，晋商还以"经世致用"思想作指导，积极传授给其子弟经商的专业知识和技能，使之切实掌握商战的各种战略战术。在家庭教育中，晋商家训教育后代要"克己修身"，养成诚信、正直、节俭、谦逊、孝顺的品格。

晋商对于其家族子弟教育的重视后来扩展到行号内的商业教育。商业教育中，更是将诚信放在首位。比如山西票商会对伙计进行职业道德教育，教育他们在做人和经商中要具备重信用、不虚伪、品性正、贵忠诚等品质。经过严格教育的员工，在商业活动中都得到很大提高，直接促进了晋商的发展。总之，家庭教育与商业教育在诚信理念上的有机衔接，凸显了晋商诚信文化育人的全过程特征。晋商家族既重商又不轻学，而诚信教育如一条红线贯穿始终，在做人和做事上达成一致，实现了家庭教育和商业教育、家族兴盛和商业发展的协调统一。

2.制度建设与人才保障并重

党的二十大报告提出："中国式现代化是物质文明和精神文明相协调的现代化"，强调要"弘扬诚信文化，健全诚信建设长效机制"。一个社会的诚信文化建设，直接反映了精神文明建设的水平。晋商以其特有的经营制度与人才保障机制，将诚信理念凝结在制度建设的每一环，体现出鲜明的制度性特征。

在制度建设上，晋商采用合伙经营的模式开展业务。合伙制中"财从义起，利由本生"的实践，是晋商诚信文化的显著体现。东家出资、掌柜经营的商业模式，靠的便是道德约束。因此，票号财东与其聘用的掌柜之间的关系依赖"信义精神"。山西商人解释说："盖以商业赔赚，犹如兵家胜败，倘出于误而非故致遭损伤，亦须励其前进，始可挽回颓势，此信之表现也。"

在人才保障机制上，晋商通过择优保荐的方式吸纳人才。在推荐商才时，"中人"是较为谨慎的，一方面要顾及自己在当地的声誉，同时还要认真了解所荐之人品行如何，是否为诚信之人。这种择优保荐的传统使得商号在招聘员工时不用任何实物做抵押，主要由"中人"提供信誉担保，商号、中人、被举荐者三方形成了信誉链条，三者之间相互影响、相互制约，保证了员工的个人素质，降低了企业筛选员工的成本，共同催生了晋商诚信文化。

3.守正笃实与开拓创新兼顾

晋商在长期的经营实践中，始终以诚信为核心理念，以诚信文化指导商业实践，又在商业实践中不断坚守诚信文化，发展诚信文化，使晋商诚信文化彰显出鲜明的实践性特征。

纵观晋商发展历史就会发现，晋商通过合伙制、标期制、保荐制等制度创新，不断探索自身制度机制的新方向，在一次次具体的经营实践中，实现了对企业的创新。早在明代，当铺、钱庄就已遍布全国。到清代，又产生了账局、印局和票号。特别是由晋商开创并发扬光大的票号，通过一纸"信符"便可汇通天下，其背后既是企业信用积累的结果，更是企业创新能力的体现。"应付裕如，凭票付款，分毫不短"的企业行为，彰显出晋商企业创新与守正笃实兼顾的精神特质。这种对诚信品质的践诺，使晋商进入一个快速发展的黄金时期。

三、晋商诚信文化的历史脉络

求木之长者，必固其根本；欲流之远者，必浚其泉源。习近平总书记指出："如果不从源远流长的历史连续性来认识中国，就不可能理解古代中国，也不可能理解现代中国，更不可能理解未来中国。"晋商诚信文化是山西历史连续性的具体体现，也为中华优秀传统文化的创造性转化和创新性发展提供了深厚的文化滋养。

（一）晋商诚信文化的商脉源流

中华大地上孕育了不同特质、各具特色的地域文化。晋商诚信文化的源头和根本，是传统儒家思想的精神伦理和山西独特的自然地理环境结合的产物，是山西商业文明不断传承和发展的结晶。

1.晋商诚信文化的孕育

晋商诚信文化的商脉源流，起源于古代中国的三晋大地。"表里山河"独特的自然地理环境，使山西形成了诚信、质朴、勤俭的民风。

山西曾是华夏民族的核心地带，地理位置重要，区位条件优越，其境内被高山大川阻隔，素有"表里山河，四塞之区"之称。自然环境对民风习俗有很大影响。有史书记载，太原府"士穷理学，兼集辞章，敦厚不华，淳俭好学，工贾务实勤俭，人物辈出，代不乏人"；汾州府"其民重厚、知义、尚信、好文"；泽州府"淳而好义，俭而用礼"；辽州府"其民信实淳厚"。这种敦厚忠义、诚信俭朴的社会风俗对晋商诚信文化的产生发挥了重要影响。

中华传统文化一贯提倡平衡义和利之间的关系。《孟子》有言："义，人之正路也。"《左传》也说："义，利之本也。""利，义之和也。"孔孟之道和社会风俗的结合，使山西商人对"义"和"利"之间的关系有着独到的理解。早在先秦时代，晋南就开始发生了"日中为市，致天下之民，聚天下之货，交易而退，各得其所"的商业交易活动，晋商始祖猗顿即发家于此。猗顿出身寒士，家道并不殷实。他经过问术于陶朱公范蠡，在多年的苦心经营和发展后，终于成了一个与陶朱公齐名的富商大贾，史称"陶朱猗顿之富"。猗顿致富后，富而有德，能聚能散，心系天下，广施仁义，恤孤怜贫，赈济四方，特别是浚涑水，兴灌溉，为民造福。太史公司马迁赞曰："长袖善舞，多财善贾，其猗顿之谓乎！"又称他"其财能聚，又复能散"。猗顿聚财有道，散财有方，是立功立德之人，司马迁用"又复能散"来表达猗顿这种心系一方百姓，诚信互济的精神伦理。

猗顿之所以被后世表彰并不断传颂，除了他卓越的经商才能外，更在于他聚财有道、散财有方的诚信精神。延至清代，猗顿故居已成为猗邑一道亮丽的风景。清代知县宋之树在《咏猗邑风景》中以"郇伯祠畔春云满，猗顿宅边古木疏。地属唐虞民尚朴，城中宛似野人居"来表达对猗顿诚信精神的崇敬之情和对此地淳朴民风的赞美之意。猗顿创业致富、经世济民的事迹体现了山西商业的诚信之风，这是古代山西对中华商业文明、河东农耕文明所作的重要贡献。

2.晋商诚信文化的发展

山西承接东西，连接南北。历史上看，山西是"一带一路"大商圈的重要组成部分。这种地理特性，使得山西拥有天然的经商优势和雄厚的商业底蕴，其诚信经营、外向开拓的精神在唐宋时期得到了传承和发展。

自唐宋以来，长城内外的商业贸易大都有山西商人参与。这些商人从深入戎界和边民互市中获得了相当丰厚的商业积累。在这些经商队伍中，唐代商人武士彠是践行晋商诚信文化的代表性人物。武士彠为并州文水人。历史记载，武士彠"自幼才气祥敏，少有大节。及长，深沉多大略，每读书见扶主立忠之事，未尝不三复研寻，尝以慷慨扬名为志"。隋炀帝大业元年（605），炀帝堂弟、燧宁公杨达受诏与宰相杨素、宇文恺营建东都洛阳，这为经营木材生意的武士彠提供了机遇。吕梁山的巨木劲松经汾河水道，几天内就可漂流至靠近洛阳的码头。武士彠笃守信用，赢得了杨达的信任。随后，武士彟成为洛阳最大的木材供应商。唐朝建立过程中，作为后勤供给、军备补给重要承担者的武士彟用尽家资，鼎力相助李渊。贞观九年（635），武士彟辞世，唐太宗李世民闻之，称他为"忠孝信义之士"，追赠其为礼部尚书。

"和合"是中国人的价值追求和行为方式。唐宋时期，晋商受其影响，在北方边境互市中推崇和衷共济的"和合"哲学。北方的农牧民生活贫困，无力用现钱、现物购买或兑换商品，晋商采取"春赊秋收"的交易方法。在春天赊给他们商品，解其燃眉之急，秋天再来收账。晋人商号还常为农牧民捎购物品，甚至垫借钱财。长期的感情投资使得北方农牧民和山西商人形成了信用买卖关系。

信用买卖关系的维护，一方面在于注重商品质量，另一方面通过"慎待相与"的约束机制加以培护。"相与"原为山西地方方言，意指打交道的朋友，后被引申为商家的客户。晋商在与客户交易之前，一般都经过详细调查，首看人品，次及在商界以往的表现。一旦确定为"相与"的身份，几乎是始终不渝。如果不是因人品和信誉而出现的暂时经营困难，晋商多能予以通融，帮助客户渡过难关。这一时期的山西商人用他们的诚信经营的卓越表现，潜移默化于"大漠孤烟直，长河落日圆"的塞外之地，让边疆地带成为"内北国而外中国"的华夏之域。

整体而言，唐宋时期的诚信规则无论作为道德范畴，还是作为制度要素，都备受青睐。先秦诸子所说"义即是利"在这一时期由山西商人继承和发展。传统士商所言的"名义清修，利缘义取"，不仅强调"诚信"的价值理性，更强调"诚信"的工具理性。只有当坚持诚信带来的效益大于放弃欺骗的效益时，诚信才有了被坚持的经济合理性和实际意义。对此，唐宋以来的士商已经有所认知。柳宗元就记述了商人宋清的事迹。正因为宋清诚信经营，所以取得了"求者益众，其应益广"的经济效益，后来李肇的《唐国史补》里说宋清"人有急难，倾财救之。岁计所入，利亦百倍"。"岁计所入，利亦百倍"就是对诚信资源性经济回报的最好说明。

（二）晋商诚信文化的成型

晋商在长期的商业实践中，逐渐认识到商业活动不仅是谋生的手段，更是一种实现自我价值和创造社会财富的重要途径。明清民国时期山西商人诚信精神的成型发展，既建立在发展业务和商业竞争的基础上，也蕴含着深厚的中华传统文化基因。

1.晋商诚信文化的不断丰富

明政府为了防范蒙古人入侵，从鸭绿江到嘉峪关附近大筑长城，陈兵八九十万，设立了九座边防军事重镇。大同作为九镇之一，辖区内长城防御线长达323千米，城堡583座。这就形成了一个巨大的军事消费区，为了解决戍边将士的军需和粮饷，1370年明政府首先在太原、大同两镇实行"开中法"，鼓励商人们运送粮食到边塞，以换取盐引，给了商人贩盐的权利。靠近九边重镇的山西商人捷足先登。由于盐是专卖品，他们凭盐引到指定的盐场和指定的地区贩盐，获利丰厚，收获了第一桶金。晋商抓住天时地利，借"开中法"兴旺起来。后明政府颁布开关互市令，晋商得以与关外各民族开展贸易。

尽管山西人素来勤奋，但由于山西人口众多、土地贫瘠、自然灾害频发，粮食极其匮乏，农民仍难以生存。所以，大量山西人十四五岁便背井离乡，创业闯天下。这一时期，以百姓生活用品为主的长途贩运贸易成为商品贸易的主要形式，由此形成了多个具有地域性质的商帮。谢肇淛《五杂俎》记载："富室之称雄者，江南则推新安（指安徽歙县地区），江北则推山右（指山西）……山右或盐，或丝，或转贩，或窖粟，其富甚于新安。"

明代逐步发展壮大起来的晋商为增强凝聚力和竞争力，制定了符合自身发展利益的行规帮约和经营原则。他们特别注重践行经济诚信思想，将"诚信经营"原则贯穿于经济活动始终。明人沈思孝在《晋录》中说道："（山西）平阳、泽、潞，豪商大贾甲天下。其合伙而商者，名曰伙计，一人出本，众伙共而商之，虽不誓而无私藏。祖父或以子母息（本息）勾（给予）贷于人而道亡，贷者业舍之数十年矣，子孙生而有知，更焦劳强作以还其贷。"

山西的这些富商大贾，以品行相交，合伙经营，故有"伙计"之称。大家合力经商，虽不发誓但绝无私藏。祖父借贷于人而中途死亡，贷者已放弃数十年，子孙出生并知道后，必定要勤劳苦作还清所贷。因此，那些资本富厚的人，争着要这类人做伙计，谓其不忘死岂肯背生也。这样，贷者放小钱于前，获大利于后，所以有无资本都可以合伙做生意。而且富人积蓄不藏于家，而尽散发于伙计。估计某人产业，只数他大小伙计有多少，则数十百万资产屈指可致。他们当中富人不会速贫，穷人可以勤劳致富，原因就是诚实守信、互济互利、治产有方、品行端正。

一方面，这种义利观是关公崇拜影响的直接后果；另一方面，也是中华传统"诚信伦理"长期潜移默化的结果。据史书记载，蒲州籍商人王瑶"为养生计而商也，生财有道，行货而重义，转输积而手不离简册"，寥寥数语为我们勾勒出一个儒雅忠厚、诚信质朴的商人身影。蒲州籍商人王

碛口古镇是晋商历史的重要见证者

现"善心计，识重轻，能时低昂，以故饶裕。与人交信义秋霜，能析利于毫毛，故人乐取其资斧，义善审势伸缩"，可见其深谙"义利之辨"的哲学命题。明代的山西商人将"修德之行"与"取利之途"之间的关系剖析得清晰透彻、境界高远，反映出晋商在批判性地继承传统儒家文化的基础上，逐步结合自身的商业实践，努力形成一套完整的、有自身特色的诚信体系。

2.晋商诚信文化的成型

清代晋商诚信文化的成型，得益于当时全国性市场的逐步形成和商人自我意识的觉醒。这种外在条件的成熟和内在精神的觉醒，激发了晋商的创业热情和诚信精神，由此推动了商业活动的快速发展。他们以诚信、勤奋和创新为指导，不断开拓新的商业领域，取得了巨大的商业成功，尤其是票号的创办，在中国金融业发展史上写下了浓墨重彩的一笔。

据学者统计，将晋商发展推向极致的山西票号，在清末于全国95座城镇设置了共475家分号，其经营范围之广，达到了前所未有的程度。坚守信誉、如数兑付的商业口碑既是现实的写照，同时又是最好的广告。太平天国农民战争对南方地区造成冲击时，票号恪守对客户的承诺；八国联军入侵中国强占京师、天津等地时，票号依然恪守对客户的承诺。即便在辛亥革命之后，票号界普遍面临巨大挤兑压力的情形下，各票商仍一如既往尽可能完结与客户的债务关系，甚至不惜动用家中多年的积蓄，以兑现对客户的信誉承诺。对于票号的信誉，清朝《续文献通考》评价说："山右巨商，所立票号，法至精密，人尤敦朴，信用显著。"1875—1876年的《英国领事报告》中也说道："山西票号的信用很高，据说他们有力量买卖中国任何地方的汇票。"这种汇通天下的能力源于票号商人之间的信义互助，诚信互济的商业伦理使他们中任何一家需要帮助时，都能得到别家的支援。

晚清庚子事变时，面对八国联军的劫火，票号放款难收，现银被掠，遭受巨大损失。当八国联军侵占京城后，各票号从业人员大部分携带账款

中国第一家票号日昇昌诞生在山西平遥

撤回山西总号避难。在回籍避难途中，现款被抢、账簿丢失的情况时有发生。但同时外逃京官或居民，凡在票号存款者，又纷纷持券向当地票号兑现。票号考虑到维持自身信誉以及对未来市场的期望，竭力维持业务，几乎没有一家票号轻言放弃。晋商在危机时刻以信用维护为首务，克服困难，果敢行动，调集资金，从容兑付，将票号的信用品质发挥到极致。有资料记载，山西商人"幸赖各埠同心，应付裕如，凭票付款，分毫不短，信用益彰"。晋商在战乱中守信重诺的诚信美德一经传开，不胫而走，声誉鹊起，因而其身价大增。时人回忆："不独京中各行推重，即如官场大员无不敬服，甚至深宫之中，亦知西号之诚信相符，不欺不昧，此诚商务之大局，最为同乡极得手之时也。"

　　3.晋商诚信文化的坚守

　　梁启超曾评论说，晋商笃守信用。晋商从明朝初期发迹到民国初年没落，跨越数百年。民国初年，随着恰克图贸易的衰微、频繁的政局动荡和帝国主义的经济入侵，晋商引以为傲的诚信原则，在个人的信用体系随着战争的摧毁而崩溃时，已经失去了其原有的道德束缚力。在这样的背景下，晋商在对外经营中仍视商业信用为生命。清政府垮台时，晋商宁可让自己为政府垫付的税赋付诸东流，也不失信于客户。如果用现代商业眼光透视晋商的历史业绩，会发现其致富法宝除了一般商人的普遍优点外，值得称道的便是对诚信的执着追求和商业经营中永无止境的创造性。据史料记载，民国初年祁县乔家大德通票号存款户以山西本省最多，放款却多在外省。1930年中原大战后，晋钞大幅度贬值，约25元晋钞才能兑换1元新币。如果大德通对存款户以晋钞付出，票号可以趁晋钞贬值之机发一笔横财。但大德通票号没有这样做，并且不惜动用历年公积金，不让存款户吃

山西省晋中市灵石县王家大院

晋钞贬值之亏，用自己的信义之举维持了票号最后的尊严。

诚信精神的执着坚守也内化于山西商人良好的家风教育。中华民族素有重家庭、讲家教、守家风的优良传统。西晋羊祜《诫子书》中说"愿汝等言则忠信，行则笃敬"，旨在说明言而有信、言出必行的重要性。在历史长河中形成并发展的家风诚信文化是中华优秀传统文化的重要组成部分。晋商榆次常家家训首句即要求"言必有信"："凡语必忠信，凡行必笃敬，饮食必慎节，字画必楷正，容貌必端庄，衣冠必肃整，步履必安详，居处必正静，做事必谋始，出言必顾行，常德必固持，然诺必重应，见善如己出，见恶如己病。"常氏家训中的14句话言简意赅，但极富深意地表达出对后代子弟的殷切期盼。祁县乔家先人乔致庸告诫子孙：经商处事以"信"为重，以信誉得人；其次是"义"，不哄人不骗人，该得一分得一分，不挣昧心钱；第三才是利，不能把利摆在首位，同时要戒骄、戒贪、戒懒。

良好的家族风气是一幅时代道德规箴图谱，其功效不亚于一部皇皇法典。山西商人胸怀天下、先义后利、诚信经营、崇德尚和、宽容自律、舍家为国的家族文化永久留存于后世，其以诚信和智慧所赚的巨额财富、所运用的经营模式、所遵循的商业规矩及其所体现出的商业精神，对于当今构建诚信社会以及发展社会主义市场经济具有重要意义。

（三）中国共产党对诚信文化的继承弘扬

在中国共产党领导中国人民开创历史伟业的进程中，形成和发展了以马克思主义为指导的革命文化、社会主义先进文化，熔铸了以伟大建党精神为源头的中国共产党人精神谱系，为建设新时代的诚信文化提供了最直接的文化滋养。特别是改革开放以来中国共产党对诚信文化进行实践创新，是诚信建设在新时代焕发生机的重要历史条件。改革开放之初，提出可以允许一部分人一部分地区通过"诚实劳动、合法经营"先富起来，先富帮助后富，最终实现共同富裕。"诚实劳动、合法经营"成为改革开放以来社会主义市场经济体制建立和发展过程中基本的职业道德要求。

《又见平遥》讲述了一个关于家族血脉传承、信义为先的故事，入选全国旅游演艺精品名录。图为《又见平遥》剧照

　　党的十八大以来，以习近平同志为核心的党中央高度重视诚信建设，取得了一系列重要成果。2022年，中办、国办印发《关于推进社会信用体系建设高质量发展促进形成新发展格局的意见》，强调信用体系对推进高质量发展的支撑作用。晋商诚信文化等中华优秀传统文化的时代内涵和重要价值更加凸显。

　　一方面，社会主义市场经济的客观要求赋予了晋商诚信文化新的时代内涵。社会主义市场经济是信用经济、法治经济。晋商诚信文化是社会信用体系建设的宝贵资源。"硬件"方面，完善的制度和法规让市场的诚信原则落到实处；"软件"方面，以诚信为主要内容的公民道德建设不断加强，尤其是利用历史文化资源，使晋商诚信文化进商场、进企业、进单位、进社区、进乡镇，传播真、善、美等价值取向，推动晋商诚信文化在

以山西督军府旧址为依托建立的晋商博物院

新时代得到传承和发扬,助力社会主义市场经济的健康发展。另一方面,诚信文化不仅对晋商的形成与发展起了引领、推动、淳化和升华的作用,而且为筑牢社会主义核心价值观提供了精神力量。

随着中国式现代化的不断推进,晋商诚信文化必然会随着时代不断发展,为实现中华民族的伟大复兴贡献精神力量,推动涌现出更多的社会主义道德的支持者、诚信风尚的引领者、公平正义的维护者。

四、晋商诚信文化的时代价值与实践路径

习近平总书记指出:"一个民族的复兴需要强大的物质力量,也需要强大的精神力量。"晋商诚信文化是中华优秀传统文化的典型代表,是晋商精神的精髓,是三晋文化的宝贵财富。在新时代新征程上,更需要充分发扬晋商诚信文化精神,进一步挖掘其时代价值,探索弘扬晋商诚信文化

的路径，为促进山西经济社会高质量发展贡献其应有的价值和力量。

（一）晋商诚信文化蕴含的时代价值

1.马克思主义与中华优秀传统文化的高度契合

在中华优秀传统文化中，诚信之德被视为维系社会秩序必不可少的道德规范，它与其他规范相互贯通，深深植根于中国人的道德观念和行为习惯，贯穿于中国社会的各个领域，是现代社会必不可少的行为准则和个人良好品质的表征。

马克思主义与中华优秀传统文化互相成就，只有把马克思主义基本原理同中国具体实际相结合、同中华优秀传统文化相结合，坚持运用辩证唯物主义和历史唯物主义，才能正确回答时代和实践提出的重大问题，才能始终保持马克思主义的蓬勃生机和旺盛活力。马克思主义诚信观以历史唯物主义为理论基础，将诚信置于社会实践领域予以考察，认为诚信作为一种道德规范，既是对个人内在品质的要求，也是社会公共秩序建构的重要部分。诚信文化的发展需要不断适应时代的变化，不断吸收新的思想和理念。

一方面，诚信文化赋予了马克思主义中国内涵。晋商诚信文化继承了中华优秀传统文化的精髓，体现了中华民族的道德观念和价值追求。它强调人与人之间的信任、诚信和责任，这些都是中华传统文化中的重要元素。另一方面，在马克思主义的指导下，以晋商诚信文化为代表的中华优秀传统文化被赋予了新的内涵，彰显出强大生命力，更加符合社会主义先进文化的本质要求。

首先，有助于推动社会主义市场经济健康发展。在市场经济中，诚信是商业活动的基础，是经济交往的基石。在中国特色社会主义建设实践中，诚信是经济发展的重要保障，是实现共同富裕的重要条件。只有坚持诚信原则，才能建立公平、公正、透明的市场环境，促进社会主义市场经济的健康发展。

其次，有助于推动社会主义精神文明建设。推动物质文明和精神文明协调发展是坚持和发展中国特色社会主义的重要特征。诚信是社会道德的重要组成部分，是社会文明进步的基石。在中国特色社会主义建设实践中，诚信是社会公德的重要内容，是构建和谐社会的重要条件。只有坚持诚信原则，才能建立互信、互助、互爱的社会环境，促进社会主义精神文明建设。

再次，有助于推动人类社会的进步。诚信是全球治理的重要原则，是国际关系的重要基础。诚信是推动人类社会进步的重要力量，是实现世界和平与发展的重要条件。只有坚持诚信原则，才能建立公正、公平、合理的国际秩序，促进人类社会的进步和发展。

2.契合社会主义核心价值观的思想理念

在社会主义核心价值观的科学体系中，诚信占有重要地位。诚信不仅是社会主义核心价值观个人层面的道德要求，也是整个价值体系中极其重要的一环。晋商诚信文化与社会主义核心价值观高度契合。首先，诚信是个人安身立命的根本。诚信具有本体论和道德论的意义。其次，诚信是社会存续发展的基础。诚信是一种社会道德资源，在社会生活中扮演着极其重要的角色。再次，诚信是治国理政的基本原则。为政者要想长治久安，必须率先垂范，为政以德，讲求诚信，取信于民。

个人做到诚实守信，社会才能更加和谐。在这样的社会中，人们彼此信任、公平交易，这是社会和谐稳定和持续发展的坚实保障，是国家富强民主的基石。从个人层面，到社会层面再到国家层面，整个价值体系的实现是层层递进的，没有个人层面的诚实守信，就谈不上社会层面的法治与公正，更达不到国家层面的文明与和谐。

3.实现中国式现代化的重要路径

党的二十大报告指出："从现在起，中国共产党的中心任务就是团结带领全国各族人民全面建成社会主义现代化强国、实现第二个百年奋斗目标，以中国式现代化全面推进中华民族伟大复兴。"中国式现代化有着鲜明的特征，是人口规模巨大的现代化，是全体人民共同富裕的现代化，是物质文明和精神文明相协调的现代化，是人与自然和谐共生的现代化，是走和平发展道路的现代化。以中国式现代化推进中华民族伟大复兴，是对世界现代化理论和实践的重大创新，不仅为中国发展提供新的活力和源泉，而且为人类对更好社会制度的探索提供中国方案，为人类社会共同进步开辟新路径。

晋商诚信文化源于中华民族悠久的商业文明，其注重诚信、公正、责任的内在品格决定了它具有天然亲和性。因此，人们能够更好地从晋商诚信文化中汲取营养，提高自身文化素养和道德水平。只有每个社会个体将诚实守信落实到个人行为和日常实践当中，诚实守信的理念和习惯才能在全社会蔚然成风，才能面向更广泛的人民群众，覆盖更广的社会层面。

在传统社会，晋商诚信文化代表了以儒家思想为指导的商业伦理和价值观念，通过诚实守信、以义制利，形成了独特的商业道德体系。在社会主义市场经济的建设中，我们更应该积极弘扬晋商诚信文化，加强诚信建设，为社会主义市场经济的发展提供强有力的道德支持和精神支撑，促进经济健康有序发展和社会和谐稳定，助力共同富裕的实现。

中国式现代化是物质文明和精神文明相协调的现代化。晋商诚信文化的出发点是以诚信为本的商业理念，然而这并不意味着诚信文化仅仅拘泥于商业领域和物质文明层面，在更高的精神文明层面，诚信文化中所蕴含的诚信为本、责任担当、追求卓越和诚实守信等价值理念对于提升人民群众的思想意识，对于弘扬求实向善的社会氛围，提升人民群众道德水平具有重要的借鉴意义。通过在全社会推进诚信文化建设，有利于物质文明与精神文明相协调，为全面建设社会主义现代化国家贡献精神力量。

（二）弘扬晋商诚信文化的实践成果

山西高度重视晋商诚信文化的弘扬与发展。近年来，山西深入贯彻落实党中央及省委关于加强社会信用体系建设重要决策部署，从法律层面、制度层面、文化层面多措并举，有序推进，各地区、各行业、各领域信用建设等各项工作取得明显成效。

1.完善全省社会信用政策法规体系

完善的社会信用政策法规体系是供需有效衔接的重要保障，是资源优化配置的坚实基础，是良好营商环境的重要组成部分，对促进国民经济循环高效畅通、构建新发展格局具有重要意义。

为完善全省社会信用政策法规体系，山西印发了社会信用体系建设规划、守信激励和失信惩戒实施方案、公共信用信息管理办法、政务诚信和个人诚信建设实施方案、以信用为基础的新型监管机制等一系列政策文件，并推动出台了信用信息归集查询、信用承诺、"信易贷"、信用监管、联合奖惩等方面的配套制度。

2022年10月，《山西省社会信用条例》正式实施，标志着山西省社会信用体系建设全面步入法治轨道。《条例》围绕推广信用承诺制度、加强信用信息归集、推进信用分级分类监管、拓展信用应用场景、健全长效保障机制等重点工作，着力打造创造公平有序的社会信用环境。《条例》的

山西省晋中市灵石县开展解读《山西省社会信用条例》宣传活动

出台为山西省社会信用体系建设工作提供了综合性、基础性的法规支撑，是山西省首次在社会信用领域立法，对提升全省信用工作法治化、规范化水平，推动社会信用体系建设高质量发展具有重要意义。《条例》的实施还促进了山西广大人民群众进一步认识到信用体系建设的重要意义，增强了自身的信用意识，扩大社会信用在日常生活中的影响力，有利于广大群众提升诚信理念、强化道德自觉，为营造更好的社会信用氛围和营商环境贡献力量。

编制印发《山西省省级公共信用信息目录（2023年版）》，是山西构建社会信用政策法规体系的又一重大举措。它促进山西信用承诺制度不断完善，信用监管和服务水平不断提高，信用信息归集共享力度持续增强，公共信用信息基础设施智能化水平大幅提升，市场主体发展活力和动力得到更好激发，创新生态和营商环境进一步优化，更好发挥社会信用体系对高标准市场体系建设的支撑保障作用。

2.加强全省信用基础设施建设

近年来，山西不断增强信用基础设施建设，有效促进了信用体系的完善。2023年，山西省信用信息共享平台建成运营并实施扩能应用提升改造，上联国家信用信息共享平台、下联11市信用信息共享平台，横向连接61个省级单位，为信用信息归集共享应用、联合奖惩、信用评价、信用修复等提供了重要支撑。

太原市依托政务云搭建"一网三库一平台"，推动信用基础设施优化升级，不断提升信用平台服务水平。近年来，全市50多个市直部门、企事业单位共同参与，通过市级信用信息共享平台，全面归集行政许可、行政处罚、行政强制、行政监督检查等10类行政管理信用信息，以及水、电、气、纳税、科技研发、社保等涉企特定信用信息，并依法依规予以公开公示，逐步建立起跨地区、跨部门、跨领域的信用信息归集共享常态化机制，将碎片化的信用信息串成线、连成面、织成网，助推形成公正透明的市场环境。

3.推进信用分级分类监管

信用监管是支撑"放管服"改革，规范市场秩序，优化营商环境，提高政府监管能力和水平的重要保障。在省级层面，全省加快健全以信用监管为基础的新型监管机制，不断优化公共信用综合评价体系，推动相关部门利用公共信用综合评价结果，结合行业部门管理数据，为信用监管提供更精准的依据。制定印发《山西省信用分级分类监管的实施意见》，推动重点行业领域开展信用分级分类监管。建筑市场、安全生产、电力市场、生态环境保护、交通运输、医疗卫生等领域已出台行业信用评价和分级分类监管政策。在此基础上，全省积极稳妥探索政务诚信评价，探索建立政务诚信评价机制。

太原市积极构建以信用为基础，贯穿事前、事中、事后全生命周期的新型监管机制。建立守信联合激励和失信联合惩戒制度，在评先评优、公共资源交易、政府性资金使用、行政审批等领域，充分发挥信用信息作用，依法依规采取为守信市场主体建立"绿色通道"、给予重点支持、优先提供公共服务便利等激励措施；同时，充分发挥行政性、市场性、社会性失信约束作用，依法协同采取惩戒措施，在不同行业领域大力推进信用信息查询应用和失信惩戒工作，努力构建"守信者处处受益，失信者寸步难行"大格局。

4.大力传承弘扬发展诚信文化

诚信体系的构建最终要落实到文化建设当中，让诚信观念、诚信文化、诚信行为深入人心。2023年11月，晋中市深入开展"积极创建诚信社会，全力塑造诚信形象"及"深化运用四化基层，立足岗位服务群众"主题宣传活动，向群众介绍相关信用知识以及重要意义，积极引导社区居民做诚实守信的倡导者和践行者，形成守信光荣、失信可耻的良好风尚，进一步弘扬诚信文化，增强社会公众信用意识，打造诚实守信营商环境。通过诚信宣传，增强了广大居民的诚信意识，有利于营造诚实守信的良好社区环境，加快推进社会信用体系建设。

（三）弘扬晋商诚信文化的方法和路径

全面建设社会主义现代化国家，必须坚持中国特色社会主义文化发展道路，增强文化自信，大力弘扬晋商诚信文化。

1.积极推进诚信法律法规建设，促进全社会形成诚信守法的良好风尚

要进一步加强诚信相关政策法规建设，推动社会信用体系建设全面纳入法治轨道。应根据实际情况，制定和完善具有地方特色的诚信法规，以适应社会发展和变化的需要。在法律实施过程中，需要政府部门、企业和社会公众相互配合，共同努力。各级政府需要加大监管和执法力度，确保各项制度措施得到有效执行；相关部门需要协同联动，共同推进社会信用体系建设；企业需要自觉遵守法律法规和商业道德，积极履行社会责任；社会公众需要增强诚信意识，支持和参与诚信文化建设。

要建立健全跨行业跨领域信用合作机制，加强与国际社会的信用信息交流和共享，推动我国社会信用体系与国际接轨，提升我国在国际舞台上的信用形象和国际竞争力，为我国深度参与全球经济合作和竞争提供有力的支持。

要建立和完善失信惩戒机制，加强对违法行为的打击和惩处力度，对失信行为进行严厉打击，对失信行为形成强大震慑，同时也要健全信用修复机制，为失信主体提供重塑信用的途径和机会，鼓励失信主体积极改正错误行为，重新树立信用形象，进而促进全社会的信用生态更加健康、稳定和可持续。

2.进一步完善诚信体系构建，将山西打造为诚信高地

党的二十大指出："构建全国统一大市场，深化要素市场化改革，建设高标准市场体系。"构建高标准的市场体系，诚信体系的构建是重要的前置条件。社会信用制度作为市场经济基础制度的重要组成部分，是建立全国统一大市场的基础制度，是优化营商环境的根本保障。

完善配套体系。实施建立诚信档案、完善信用评级、推广信用产品等

一系列举措，将树立诚信理念、弘扬诚信文化、健全诚信制度、完善诚信机制、提高全社会诚信水平、促进经济社会发展贯穿于社会信用体系建设的全过程，坚持整体规划、统筹协调、分步实施的原则，不断完善社会信用体系。

加强新型监管机制建设。把信用监管贯穿事前、事中、事后全生命周期，有效提升监管效能、维护公平竞争、降低市场交易成本。在金融领域，加大涉企信息归集力度，发挥信用信息应用价值，加大对守信主体的融资支持力度，形成数据增信的金融生态，提高金融服务实体经济质效，着力解决中小微企业融资难、融资贵的突出问题。在行政审批领域，通过查询信用记录和信用报告，对信用状况良好的守信市场主体和自然人开辟审批服务绿色通道，实行"容缺受理"和"承诺制办理"，让守信主体更加便捷地获得政务服务。

建立完善社会信用制度。要通过科学、客观、公正的评价方式，对个人和企业的信用状况进行评估。评估需要数据，要加快搭建信用信息共享平台，加快实现各类信用信息数据的归集共享，包括个人信用制度和企业信用制度，实现信用信息的全面采集和共享，为开展守信联合激励和失信联合惩戒提供有力的数据支撑。系统评估后，要发布"红黑榜"，褒扬诚

山西省商务诚信公共服务平台

山西省晋商博物院内志愿者正在为游客讲解晋商历史

信、惩戒失信，将守信市场主体和严重失信市场主体公之于众，在全社会形成"不敢失信、不能失信、不愿失信"的氛围。

加强公民诚信教育。要通过开展形式各样的诚信宣传教育活动，弘扬诚信文化，树立诚信理念，增强全社会的诚信意识。推动社会共治，充分应用市场主体信用记录或者信用报告，发挥媒体和社会公众的监督作用，推动形成良好的社会风尚，形成全社会共同参与的诚信体系建设格局，推动诚信体系建设深入开展。

3.加强晋商诚信文化的挖掘研究和阐释，丰富晋商诚信文化内涵

加强晋商诚信文化的挖掘研究和阐释，对于弘扬中华优秀传统文化、推进社会主义核心价值观建设、促进社会主义市场经济健康发展具有重要意义。

开展系统研究，加强对晋商历史文献、档案资料、口述传承等资源的收集整理，挖掘晋商诚信文化的丰富内涵和独特价值。在收集整理的同时，要注重对晋商诚信文化与其他地区商帮文化的比较研究，深化对晋商

诚信文化的认识和理解。

对新时代晋商进行持续跟踪和调查，对其企业经营发展、改革创新进行研究，及时收集和总结升华其经营过程中涌现出的诚信事迹和诚信经验，不断提高晋商诚信文化研究和阐释的时代性、实践性和开放性。

创新研究成果的呈现方式，通过影视剧、纪录片、文艺演出、网络传播等多样化形式，生动形象地呈现晋商诚信文化的魅力，吸引更多人关注和了解。同时，要注重运用新媒体平台，创新晋商诚信文化的传播方式和手段，扩大其影响力。

将晋商诚信文化研究成果融入企业文化建设、商业实践和社会治理中，引导企业和个人树立诚信意识，践行诚信行为。可通过开展"诚信企业"评选活动，鼓励企业坚守诚信底线，树立良好社会形象。

4.加大晋商诚信文化传播力度，使诚信文化深入人心

增强中华文明传播力影响力，是我们党在统筹国际国内两个大局、推进中华民族伟大复兴进程中，进一步加快对外文化交流和提升我国国际传播力作出的战略部署。晋商诚信文化是中华优秀传统文化的代表，加强对晋商诚信文化的传播，能够促进中华民族价值观走向世界，展现良好国家形象。

善于运用新媒体，拓展传播渠道。除利用传统的报纸、杂志、广播、电视等传播渠道外，要借助微博、微信、抖音等社交媒体平台，运用新兴的直播、短视频等新媒体形式，全方位展示和传播晋商诚信文化的历史脉络、内涵特征和时代价值。

创新拓展传播形式，提升传播手段。通过举办诚信文化主题的讲座、演出等活动，让更多人亲身参与体验晋商诚信文化的魅力。将文创产品开发融入文化传播，设计并推广与晋商诚信文化相关的创新文创产品，如晋商书籍、纪录片、动漫、游戏等。此外，还可以加强品牌合作与联动，将诚信文化的传播活动与具有良好口碑和影响力的品牌进行合作，共同举办诚信主题的活动或推出联名产品，通过跨界合作扩大晋商诚信文化的影响力。

《寻踪晋商》纪录片以大历史观的思维方式，探究晋商诚信文化的当代价值与世界意义

加强榜样宣传，提升示范效应。挖掘一批具有代表性的晋商诚信文化榜样，有利于更好地宣传和推广当代晋商诚信文化。通过诚信榜样讲述真实的故事、经历和成就，加大公众的知晓面和认可度，扩大榜样的影响力。鼓励公众积极学习榜样的品质和行为，将其应用到日常生活中，引导公众形成正确的价值观和行为习惯。

5.依托众多晋商文化遗产，打造诚信文化研学基地

晋商文化遗产是山西的宝贵财富，要通过文化遗产促进晋商文化的传播与传承。要利用好晋商博物馆、晋商大院、古代商路等物质遗产，利用体验式、沉浸式教学等方式，向青少年推出相关的研学产品，促进青少年了解晋商历史，通过晋商诚信文化感悟中华优秀传统文化。打造面向企业团体的晋商文化研学活动，开发与诚信文化相关的教育课程，包括晋商历史、商业道德、诚信文化等模块。通过现场培训，将优秀的晋商诚信文化和企业文化相结合，促进企业员工素质提升。要做好晋商文化方面的文旅融合，打造丰富的文旅产品，提升服务品质，在游客游

览晋商大院建筑的同时融入诚信文化，让游客体验和感知晋商诚信文化的魅力。

　　"晋商诚信文化"篇编写组：周亚　贾欣潮　曾才娇　韩欣荣　董亚飞

后 记

为全面学习宣传贯彻习近平文化思想，认真贯彻落实习近平总书记对山西工作的重要讲话重要指示精神，按照省委关于"推动尧舜德孝、关公忠义、能吏廉政、晋商诚信等优秀传统文化创造性转化、创新性发展"的部署要求，在省委常委、宣传部部长张吉福指导下，在省委宣传部主持日常工作的副部长宋伟带领下，我们组织省内相关领域的专家学者，开展"坚定文化自信，弘扬三晋优秀传统文化"系列重大课题研究，深入挖掘阐释尧舜德孝文化、关公忠义文化、能吏廉政文化、晋商诚信文化等三晋优秀传统文化的意义地位、内涵特征、历史脉络和时代价值，形成了四篇研究报告，并结集出版。

省委宣传部副部长杨建军主持全书编审工作，高建生、黄解宇、高春平、周亚四位同志分别负责四个课题研究工作，郝玉宾、刘丽瑛、李嘉莉、宋洁、李小刚、王崇任、任有辉、韩雪娇、白妍、梁鹏伟、王博洋、贾欣潮、曾才娇、韩欣荣、董亚飞同志参加了课题研究工作，田忠宝、谢振中、潘焱、史培华、宁志宇、冯文斌、刘依尘、王子璇同志全程参与编审工作，山西人民出版社负责编辑出版工作，在此一并致谢。

由于课题研究和编辑出版时间仓促，难免存在不足之处，欢迎广大读者特别是专家学者提出宝贵意见。

编委会
2024年6月

图书在版编目（ＣＩＰ）数据

坚定文化自信　弘扬三晋优秀传统文化 / 中共山西
省委宣传部编. —太原：山西人民出版社，2024.7
　　ISBN 978-7-203-13304-9

　　Ⅰ . ①坚… Ⅱ . ①中… Ⅲ . ①地方文化 - 文化研究 -
山西 Ⅳ . ①G127.25

中国国家版本馆CIP数据核字（2024）第055656号

坚定文化自信　弘扬三晋优秀传统文化

编　　者：中共山西省委宣传部

责任编辑：席　青

复　　审：吕绘元

终　　审：武　静

装帧设计：郝彦红

出 版 者：山西出版传媒集团·山西人民出版社

地　　址：太原市建设南路21号

邮　　编：030012

发行营销：0351-4922220　4955996　4956039　4922127（传真）

天猫官网：http://sxrmcbs.tmall.com　电话：0351-4922159

E-m a i l：sxskcb@163.com　发行部
　　　　　sxskcb@126.com　总编室

网　　址：www.sxskcb.com

经 销 者：山西出版传媒集团·山西人民出版社

承 印 厂：山西基因包装印刷科技股份有限公司

开　　本：787mm × 1092mm　　1/16

印　　张：11.75

字　　数：162千字

版　　次：2024年7月　第1版

印　　次：2024年7月　第1次印刷

书　　号：ISBN 978-7-203-13304-9

定　　价：58.00元

如有印装质量问题请与本社联系调换